JOSÉ LINO C. NIETO

A VONTADE DE PODER

Nietzsche, hoje

3ª edição

@editoraquadrante
@editoraquadrante
@quadranteeditora
Quadrante

São Paulo
2023

Copyright © 2018 Quadrante Editora

Capa
Provazi Design

Dados Internacionais de Catalogação na Publicação (CIP)

Nieto, José Lino, C.
A vontade de poder: Nietzsche, hoje / José Lino C. Nieto —
3ª ed. — São Paulo: Quadrante, 2023.

ISBN: 978-85-7465-584-0

1. Filosofia alemã 2. Nietzsche, Friedrich Wilhelm, 1844-1900
3. Nietzsche, Friedrich Wilhelm, 1844-1900. A vontade de poder – Crítica e interpretação I. Título

CDD-193

Índice para catálogo sistemático:
1. Nietzsche : Filosofia alemã 193

Todos os direitos reservados a
QUADRANTE EDITORA
Rua Bernardo da Veiga, 47 - Tel.: 3873-2270
CEP 01252-020 - São Paulo - SP
www.quadrante.com.br / atendimento@quadrante.com.br

SUMÁRIO

INTRODUÇÃO	5
RESUMO DA VIDA	23
A CRÍTICA À RELIGIÃO	49
A CRÍTICA DA MORAL E A SUBVERSÃO DE TODOS OS VALORES	71
A VONTADE DE PODER	99
PARA ALÉM DO TREMENDISMO	129
EPÍLOGO E VERSOS	151

INTRODUÇÃO

Nietzsche «micro» e Nietzsche «macro»

Os filósofos não costumam estar sob os holofotes da mídia, se excetuarmos os cadernos de cultura de alguns poucos jornais. A imensa maioria das pessoas tem a firme impressão de que os filósofos estão um pouco — ou um muito — «no mundo da lua», entregues a altas especulações pouco «práticas»: caem em buracos porque olham demais para o alto, esquecem onde estacionaram o carro, estão sempre perdendo chaves, livros, canetas e, principalmente, óculos. A versão popular pinta-os como amáveis, inofensivos e distantes da realidade: gente boa, mas que ninguém entende.

A coisa muda de figura, porém, se considerarmos que «nada é mais prático do que uma boa teoria», como dizia Chesterton. As ideias dos filósofos e homens de pensamento movimentaram de fato sociedades inteiras ao longo de gerações: vale lembrar, por exemplo, que correntes políticas, econômicas e sociais tão *práticas* como a democracia, o nazismo, o marxismo, o liberalismo (também o «neo»), derivam das *especulações* de meia dúzia de pensadores. Mais do que uma «sociedade dos filósofos mortos», alguns grandes «teóricos» como Platão e Aristóteles, Agostinho de Hipona e Tomás de Aquino, Guilherme de Ockham ou Pascal formam uma sociedade de pensadores vivos, uma vez que as suas reflexões acerca de Deus e do mundo não só impulsionaram como continuam a inspirar, impulsionar, formar e educar multidões de homens, mesmo que estes não tenham consciência disso.

Um desses pensadores «vivos» — e bem vivo! — é Friedrich Nietzsche. Algumas das expressões cunhadas por ele, como «*a vontade de poder*», «*para além do bem e do mal*» ou «*a morte de Deus*», frequentam os alto-falantes da mídia, o linguajar das rodinhas acadêmicas e, de forma mais ou menos superficial, o comportamento de muita gente. A ele se pode aplicar, ainda que não tenha formado em vida nenhuma escola, a advertência do papa Leão XIII na Encíclica *Inscrutabile Dei*: «Bem vistas as condições críticas do nosso tempo, descobre-se sem esforço que só há uma causa para os males que nos ameaçam: os erros filosóficos que certas escolas fizeram penetrar em demasiadas consciências».

A moderna necessidade de emoções *radicais*, que permitam experimentar ao máximo os próprios limites e que se traduzem em esportes idem, som à toda (e o tempo todo!), namoros vertiginosos, noites varadas jogando *Counter Strike*, enfim, isso que poderíamos resumir na mentalidade «amo muito tudo isso»; a obsessão pelo sucesso profissional a qualquer custo, de preferência enriquecendo no mercado financeiro antes dos vinte e cinco anos; a ilusão de que «a vida me pertence com exclusividade», e que «faço dela o que quero», sem prestar contas a ninguém; a convicção de que importa, antes de mais nada, «obter visibilidade», para que todo o mundo veja «do que sou capaz», e «afirmar o próprio eu» sem preocupar-se com as consequências — todos esses *microfenômenos* atuais são como que fiapos da *vontade de poder* nietzscheana na «versão século XXI».

Tom Wolfe, com o seu tom meio desapiedado, traça uma caricatura desse modo de pensar. Dois adolescentes americanos, com cara de tédio, planejam o seu futuro no balcão de um bar:

— «Disparar a esmo do alto de um telhado dá uma boa cobertura da mídia, mas tem a desvantagem de que você acabará passando um montão de anos num hospital psiquiátrico.

— «É verdade — responde o outro —. É melhor fazer uma onda de atentados terroristas pela Europa e, de volta para casa, escrever um livro de memórias bem romântico, que garanta um bom contrato com a editora. Quando você já for bastante conhecido, poderá continuar a ganhar dinheiro dando conferências em Universidades»*.

O livro de Wolfe continua por aí fora, satirizando com luxo de pormenores os costumes, preconceitos e desvios nietzscheanos da atual mentalidade americana.

(*) Tom Wolfe. *Décadas púrpuras*, ed. Rocco, São Paulo, 1999, p. 69. Convém saber que esse tipo de diálogo não é mera invencionice do autor; durante a guerra civil do Líbano, a imprensa denunciou repetidamente a existência de um «turismo da morte»: jovens europeus e americanos que iam ao Líbano apenas para abater uma pessoa qualquer, escolhida ao acaso, a fim de terem «a mais radical de todas as experiências».

É verdade que não se trata de Nietzsche «puro», uma vez que ele não é a única fonte desse tipo de atitudes; mas que Nietzsche está bem vivo no mosaico da cultura contemporânea, está.

Mais micro fenômenos? Estar *além do bem e do mal* é obrigatório, se não compulsivo, em muitos ambientes, em que a ética é entendida apenas como um conjunto de normas arbitrárias manipuladas à vontade pelo interessado. O *bem* e o *mal* tornaram-se conceitos aborrecidos, sempre mencionados, pessimamente compreendidos e nunca encontrados. Por isso, a tendência e que cada qual os fabrique sob medida para consumo próprio.

E o anúncio nietzscheano da *morte de Deus?* A proliferação de superstições, pretensos conhecimentos esotéricos e fórmulas salvadoras autointituladas de «religião» — para confirmá-lo, vá até qualquer *megastore* de livros e CDs e procure as prateleiras com esse título — mostram até à saciedade que o Deus vivo e pessoal está ausente da mente das pessoas, suplantado por noções confusas e puramente emocionais que tudo explicam porque nada explicam («encontre o seu eu divino e universal e viva em paz» etc.). Num outro extremo, o do frenesi do dinheiro e do prazer, a ausência de Deus é também notória. A bebedeira da técnica e do culto ao corpo gerou por toda a parte o que era de prever: uma enorme vertigem de autossuficiência, cujos resultados de agressividade, violência, exasperação, estão diante dos olhos. A *morte de Deus* e a *vontade de poder* andam de mãos dadas.

Não se pode dizer, certamente, que Nietzsche esteja ultrapassado.

Por outro lado, também não é difícil recordar *macrofenómenos* dos últimos anos que devem muito ao pensador alemão: por um lado, a queda do muro de Berlim, símbolo do desabamento do socialismo «ortodoxo» e do absolutismo de Estado (o Estado como «monstro» burocrático e tentacular foi denunciado e espinafrado sem piedade por Nietzsche, para não falar das «utopias» sociais); por outro, a resistência das ONGs e de particulares ao capitalismo globalizado, que encontramos nos jornais todas as vezes que há uma reunião do G7, do G8, do G20, etc. (Nietzsche também atacou com veemência os graves problemas e injustiças ocasionados pelo capitalismo, ridicularizando a sede de dinheiro e de conforto material, única meta da mentalidade burguesa). E um livro recente do filósofo francês André Glucksmann[*] — ele mesmo um pensador moderno, insuspeito de simpatias «tradicionalistas» — aponta as ideias de Nietzsche por entre os escombros e o horror do atentado de 11 de Setembro às Torres Gêmeas.

A impaciência como regra

A presença do mal no mundo provoca a impaciência dos homens, porque a sua

---

[*] André Glucksmann, *Dostoievski en Manhattan*, ed. Taurus, Madri, 2002.

opressiva sordidez desperta uma ânsia de libertação, libertação a qualquer custo e quanto antes. Mas a ânsia costuma ser impaciente, e por isso mesmo pode vir a comportar-se como um elefante numa loja de cristais. O forte é paciente, pois sabe suportar o mal sem renunciar a corrigi-lo; o impaciente, pelo contrário, é um fraco que se rebela, esperneia e quer voltar a fundar o mundo à sua imagem e semelhança — já! Neste sentido, Nietzsche é um impaciente radical, tão radical que a sua impaciência, agravada pela sua personalidade patológica, se torna como que um critério de valor e regra para estudar a sua obra.

Tudo nele tem as cores de uma trágica impaciência: é preciso subverter todos os valores sem deixar nada de pé; importa arrasar sem piedade os medíocres para conseguir o triunfo absoluto do homem «novo»; devemos eliminar furiosamente todos os complexos (reais ou imaginários) para afirmar o poder real da vida espontânea, que nem a si própria se explica; temos de suprimir sem remorso o racionalismo obtuso e quadriculado que assassina a vida, e aceitar a espontaneidade caótica e imprevisível, fonte de beleza e de liberdade; sobretudo, precisamos eliminar a Deus, refúgio dos tímidos e covardes, assassino da vida e inimigo dos valores espontâneos, a fim de abrir passagem ao super-homem, violento e necessário, autossuficiente e impiedoso, novo ser que assume sem remorso nem perdão o recorrente fluxo inexplicado e inexplicável a que os racionalistas medíocres chamam «História».

Essas proclamações, impressões, denúncias ou como se queiram chamar, encontram-se... nas obras da maturidade de Nietzsche, que escreve de preferência sob a forma de aforismos muito pensados, burilados sem cessar, densos e fortes, mas sem a preocupação de um nexo que os una. São puras expansões, muitas delas literariamente sugestivas e outras fortemente agressivas, mas sem nenhuma ordem, sem nenhuma paz, sem nenhum remanso, sem nenhuma... paciência.

Se é verdade que muitas dessas intuições do filósofo podem qualificar-se de proféticas, porque antecipam fenómenos culturais característicos dos nossos dias, não o é menos que o seu intenso desejo de sinceridade intelectual está tragicamente amarrado a postulados filosóficos gravemente defeituosos e com frequência arbitrários*. Nietzsche não cultivou o estudo que constrói lentamente um cabedal de conhecimentos; não praticou a arte da reflexão pausada que confere ordem e maturidade ao pensamento; não soube fazer

---

(*) Martin Heidegger, que nutria um profundo respeito por Nietzsche, deixa isso muito claro no monumental e definitivo estudo que lhe dedicou: *Nietzsche*, Günther Neske Verlag, Pfullingen, 1985, 2 vols.; trad. espanhola: *Nietzsche*, Alianza Editorial, Madri, 1995, 2 vols. E o mesmo afirma Carlos Cardona, que redigiu um extenso estudo sobre a influência nietzscheana no pensamento contemporâneo: *Olvido y memoria del ser*, EUNSA, Pamplona, 1997.

as distinções necessárias para peneirar o trigo da verdade.

Toda a obra de valor é fruto de um longo e paciente esforço; a obra do nosso filósofo, sob tantos aspectos cintilante e semeada de lampejos quase geniais, acaba por carecer desse valor permanente próprio das grandes obras. Não se pode deixar de sentir uma certa compaixão diante desse imenso e trágico esforço por alcançar uma coerência que, no fim das contas foi apenas coerência com a fugacidade e o absurdo de uma vida sem sentido.

A «moda Nietzsche»

Não é de estranhar, diante desse quadro, que Nietzsche seja constantemente citado e recordado por impacientes de todas as bandeiras (e até pelos «sem-bandeira»). Políticos de todas as cores, ateus belicosos e agnósticos intelectualizados, desconstrucionistas, economicistas, psiquiatras libertários, juristas ideológicos, anarcóides mansos e menos mansos, publicitários e até *punks* — todos eles encontram nos enérgicos aforismos nietzscheanos o alicerce para as suas afirmações e a munição para os seus disparos. E não é de estranhar, porque muitas dessas ideias, tiradas do contexto ou já nascidas num contexto altamente problemático, são fáceis «curingas» de uso generalizado.

É certo que essas constantes citações muitas vezes vestem Nietzsche com roupas que nunca foram as dele: umas apertadas demais, outras longas demais, algumas forçadas demais e bastantes festivas demais. O sisudo e trágico pensador alemão tornou-se moda, e com todos os defeitos das modas, o menor dos quais não é o de converter o seu objeto numa caricatura. Se Nietzsche pudesse contemplar-se num espelho com as roupas que alguns lhe atribuem, muito provavelmente desferiria algumas marteladas mais (tinha razão certo jornalista ao dizer que ele «filosofava com o martelo»).

Mas há outros motivos para levar em consideração a «moda Nietzsche». As fibras íntimas do pensador são fibras de um homem descontente, e por isso ligam-se facilmente com inúmeros descontentamentos humanos. Entenda-se: descontentamentos sérios, dignos de respeito, provocados pela estupidez, pela mediocridade, pela covardia, pela insinceridade e pela injustiça, que disparam a mola de uma justa indignação. Mas também descontentamentos menos dignos de respeito, gerados pelo que poderíamos chamar «vícios insatisfeitos mascarados»: a ansiedade exasperada de triunfar, a arrogância de quem se considera superior, o narcisismo físico, a tirania das emoções provocadas até à exaustão, a espontaneidade instintiva puramente fisiológica e animal... Para esses vícios, bastantes afirmações suas funcionam como verdadeiros calmantes que tudo justificam.

A atual influência da sua obra em todo o mundo explica-se, entre outras coisas, pela força com que afirma a primazia da vida sobre tudo o mais, e vida entendida como afirmação de si próprio sem condicionamentos nem limitações; pelo seu domínio da linguagem (do qual se envaidece muitas vezes), manifestado nas suas metáforas plásticas; pela violência das ideias, a enorme energia despendida em exteriorizar as urgências do seu coração; pela clareza com que fustiga as falhas dos homens. E também pela sua sinceridade: repugnavam-lhe a dissimulação, o faz-de-conta e as máscaras, que via como horrendas falsificações dos covardes. Preferia ser odiado a passar por omisso perante os problemas do seu tempo. Além disso, a doença psíquica, que se manifestou já na sua juventude, e que progrediu com o tempo até desvairá-lo completamente, arrastou-o a uma grandiloquência messiânica, repleta, nos seus últimos anos de vida, de incoerências e de afirmações absurdas.

Por tudo isso, os seus aforismos, as suas ideias, difíceis de interpretar, dão pé para as teses mais contraditórias entre os estudiosos da sua vida e da sua obra: ele seria o ousado autor da «morte de Deus», o revolucionário radical, o visionário demente, o precursor do nazismo, o arguto e inovador teórico da arte, o reformulador da sociedade, o solitário delirante, o profeta do existencialismo, o amante da vida em todo o seu esplendor, o filósofo que eliminou a filosofia, a mente genial que desvendou a falsidade de todas as religiões, o precursor de um novo tipo de homem, etc. Não à toa era voz corrente na Alemanha que os literatos, ao lê-lo, diziam: «O estilo é horrível... mas, que ideias!» E os filósofos: «As ideias são fraquíssimas... mas, que estilo!»

Nietzsche interessa hoje, entre muitas outras razões porque, perante o descrédito das ideologias que esmagam o indivíduo, muitos homens levaram o pêndulo até o outro extremo (como tantas vezes acontece na História) e reivindicaram um individualismo radical, que ele considerou a aspiração mais necessária.

Nestas páginas, faremos um breve resumo da vida de Nietzsche, para continuar com a sua crítica à religião e à moral, e a sua tentativa de subverter todos os valores; a seguir, veremos a sua concepção da vida como vontade de poder e o ideal de plenitude do super-homem; e, por fim, de forma um pouco mais detalhada, o rastro que deixou na mentalidade de hoje.

Algumas repetições serão inevitáveis, quer pela dificuldade em «ordenar» as ideias do filósofo, quer pela sua interligação. Pela própria abrangência do que escreveu, uma compreensão aprofundada das suas consequências exigiria um desenvolvimento maior de conceitos que aqui apenas se podem esboçar.

RESUMO DA VIDA

Nascimento e primeiros estudos

Friedrich Wilhelm Nietzsche nasce em 15 de outubro de 1844 em Röcken, lugarejo da Saxônia perto de Leipzig. É importante assinalar desde já a tradição eclesiástica dos seus antepassados: não somente o seu pai foi pastor luterano, mas também os seus dois avôs, vários tios e alguns dos seus bisavós.

Quando o pai de Nietzsche morreu, a mãe, a irmã mais velha, Elisabeth, e ele, criança de poucos anos, deixaram Röcken e mudaram-se para Naumburg. Não longe dessa cidade, na localidade de Pforta, o rapaz conseguiu uma bolsa para fazer os estudos de segundo grau. Na rígida escola daquela cidade, adquiriu os fundamentos da sua formação científica, a base do seu saber humanista e o domínio do latim e do grego. Apaixonou-se pela música, aprendeu a tocar piano e aprimorou a sua grande sensibilidade musical.

Mas ali despertou também o seu espírito rebelde, contestador dos valores recebidos, atitude que não abandonaria nunca. Criticava os métodos pedagógicos porque — pensava — não contribuíam para formar personalidades individuais, mas apenas homens-massa.

Sobretudo, porém, foi nessa época que nasceu nele a repulsa pela religião. Como veremos, o único cristianismo que Nietzsche conheceu foi o luteranismo do norte da Alemanha, ou seja, um cristianismo fortemente protestante nos seus postulados dogmáticos fundamentais: interpretação individual da Sagrada Escritura, desconfiança da razão e forte apelo aos aspectos emocionais como garantia da/é (que seria a única atitude humana capaz de ocasionar a salvação por parte de Deus), desconfiança radical da liberdade humana e consequente descrédito de todos os seus atos, etc.

Na época do Nietzsche estudante, estava em voga no seio do luteranismo alemão a corrente chamada «protestantismo liberal» que, sob a influência da crítica iluminista do século anterior, chegava na prática a negar a divindade de Cristo e a transformar a religião cristã num conjunto de «bons sentimentos». Essa atitude religiosa levou muitos pastores a perder a fé ou, pelo menos, a perder de vista a noção de um Deus pessoal. Nos meios populares, menos cultos, vigorava ainda o pietismo tradicional que, sem atacar as verdades básicas — a divindade de Cristo, a Redenção, a Santíssima Trindade —, identificava a fé com o sentimentalismo. Seja como for, o luteranismo em qualquer das suas vertentes será firmemente rejeitado por

Nietzsche desde o início e com todas as suas forças.

Estudos em Leipzig e encontro com a filosofia

Numa confissão biográfica publicada no *Ecce Homo*, Nietzsche declara que nunca dedicou atenção aos problemas de Deus, da imortalidade da alma, etc. Diz:

> «Deus, a imortalidade da alma, a salvação, o além, são puros conceitos aos quais eu não dediquei atenção nem tempo, nem sequer na minha mais tenra juventude, talvez por não ser suficientemente infantil para fazê-lo. Não considerava o ateísmo como um resultado, e menos ainda como um fato; para mim, o ateísmo é uma coisa instintiva. Sou demasiado curioso [...], demasiado orgulhoso para contentar-me com uma resposta simplória. Deus

é uma resposta simplória [...] para nós, os pensadores»*.

Estas palavras surpreendem se recordarmos o ambiente permeado de religiosidade que rodeou os seus anos de infância e adolescência e o desejo que manifestou inicialmente de ser pastor. Parece que o nosso autor, para dizer o mínimo, interpreta de forma torcida o seu passado. Seja como for, o texto define o seu caráter, não já *ateu*, mas *antiteísta* (Nietzsche jamais tenta demonstrar que Deus não existe; *quer* que não exista, *obriga-se* a prescindir dEle forçando muitas expressões). Em todo o caso, se a sua recusa de Deus e do cristianismo se consuma na época dos estudos universitários, pode-se duvidar de que alguma vez tenha tido uma autêntica fé em Deus.

Concluídos os estudos em Pforta, abandona a escola para ingressar na

---

(*) *Ecce Homo*, Edições de Ouro, São Paulo, s.d., «Por que sou tão discreto», II, 1.

Universidade. Conduzido pelo seu amigo Deussen, futuro filósofo e orientalista, dirige-se a Bonn e, em 1864, começa os estudos de Filologia clássica e de Teologia (esta última, mais por desejo da mãe, que desejava que continuasse a tradição eclesiástica familiar, do que por inclinação pessoal). No fim do primeiro semestre, abandona a Teologia e tem por isso o primeiro grande enfrentamento com a mãe.

Em 1865, muda-se para a Universidade de Leipzig, seguindo o professor e amigo Ritschl, nomeado catedrático desse instituto. Sob a sua orientação, entrega-se ao estudo da Antiguidade clássica através da Filologia. Nesse período, teve de incorporar-se ao exército quando rebentou a guerra entre a Prússia e a Áustria (1866), mas sofreu uma queda de cavalo durante a instrução militar e teve de ficar quase imobilizado por seis meses. Só em 1868 pôde prosseguir os estudos.

A dedicação à Filologia não o satisfazia plenamente. A inclinação pela Filosofia nasceu nele como vocação própria por ocasião da descoberta de Schopenhauer, quando num sebo de Leipzig comprou a obra *O mundo como vontade e como representação*. Leu com tal ardor o filósofo pessimista que este chegou a ser para o jovem estudante o mestre que o conduziu pelos caminhos de um radicalismo negativista e ateu, embora mais tarde viesse a separar-se dele e a criticar duramente muitos dos seus pontos de vista. Juntamente com Schopenhauer, também a obra de Lange, *História do materialismo*, influiu muito nele; e, sobretudo, as obras de Kant, que o convenceu de que a constituição íntima das coisas é uma ilusão e de que o tempo da metafísica, como conhecimento de uma verdade suprassensível ou absoluta, teria passado.

Professor em Basileia. A amizade com Wagner

Aos vinte e quatro anos de idade, e sem ter obtido o título de Doutor, foi nomeado professor de Filologia na Universidade de Basileia, em boa parte devido à ajuda do amigo e professor Ritschl. A Faculdade de Filosofia de Leipzig concedeu-lhe o título de Doutor com base nos trabalhos já publicados, e Nietzsche começou a dar aulas e orientar alunos, apesar de se sentir profundamente insatisfeito naquele ambiente intelectual. Desejava mudar de cátedra e não o conseguia, e viu-se obrigado a converter a Filologia em meio e instrumento para as suas reflexões filosóficas. Os seus cursos nunca chegaram a ter grande aceitação: teve no máximo uma dúzia de alunos, e por vezes apenas dois ouvintes. Em breve, acabou por enxergar claramente que a sua obra pessoal não estava na Filologia, e menos ainda no ensino.

Durante os dez anos que passou em Basileia, as relações com os colegas não foram demasiado estreitas, em boa parte devido ao seu temperamento solitário e polêmico. Apesar disso, cultivou algumas amizades duradouras com sábios e artistas, principalmente com o teólogo Friedrich Overbeck (1837-1905), professor de História da Igreja em Basileia, personalidade estranha e complicada, com quem conviveu na mesma casa durante cinco anos e de quem foi amigo e confidente até o fim da vida.

Também foi muito amigo de Richard Wagner (1813-1883), que tinha conhecido em Leipzig em 1868 e por quem logo se sentira atraído. Quando chegou a Basileia, Wagner vivia retirado na sua casa de campo de Tribschen, junto do lago de Lucerna. Nietzsche ia visitá-lo quase todos os fins de semana, mantendo com o compositor longas conversas sobre filosofia e arte. Ambos coincidiam no desejo de um novo ideal artístico e, sobretudo, de uma total renovação da cultura e da concepção da vida. Nos primeiros tempos dessa amizade, Wagner era rebelde e radical, seguia o panteísmo ateu de Schopenhauer e mantinha contato com as tendências revolucionárias da esquerda hegeliana, principalmente com Feuerbach*.

Mas os atritos com Wagner não demoraram. Quando o compositor, já famoso em toda a Alemanha, se transferiu para Bayreuth e inaugurou os festivais musicais, Nietzsche assistiu à audição do *Parsifal*, mas não a pôde suportar. Wagner, recém-convertido, fazia nessa obra a apologia da fé cristã, abandonando o radicalismo pagão da sua primeira época e aproximando-se do catolicismo. O pensador nunca lhe perdoou que se tivesse «prostrado diante da cruz cristã», trocando

---

(*) Ludwig Feuerbach (1804-1872), filósofo, escreveu *A essência do cristianismo* e *Lições sobre a essência da religião*. Nessas obras, afirma que as realidades fundamentais e originárias são a natureza e o homem concreto; um dos seus aforismos prediletos era: «O homem é o que come» (em alemão: *Der Mensch ist* [é] *was er isst* [come]). Qualquer realidade espiritual, Deus incluído, não seria senão uma pálida imagem, um reflexo apagado da natureza. Algumas ideias de Feuerbach foram copiadas e posteriormente desenvolvidas por Marx.

o conceito pagão-clássico da vida pelo ideal de uma cultura cristã-germânica. Assim Wagner, que fora para ele o ideal do super-homem da nova cultura, transformou-se, após a conversão, num «comediante nato», o representante da decadência alemã. E com a mesma paixão com que antes o elogiava, passou a combatê-lo.

Escritos iniciais e crises de saúde

Os escritos iniciais de Nietzsche procedem da sua atividade docente. O primeiro, *A origem da tragédia e o espírito da música* (1871), foi concebido como uma grande obra sobre a estética dos clássicos gregos, abordando uma multiplicidade de aspectos. Trata-se de uma obra inacabada, que contém já o esboço de muitas das ideias que desenvolverá posteriormente. Alguns filólogos famosos atacaram duramente essa obra.

Do mesmo período é *Considerações intempestivas* ou *inatuais*, publicada por partes entre 1873 e 1876. Também é uma obra incompleta acerca de temas esparsos e polêmicos. Compreende um ataque ao teólogo contemporâneo David Strauss, bem como elogios à última obra de Schopenhauer, *A antiga e a nova fé*, e a Wagner, então ainda amigo dedicado.

No fim do período de Basileia, escreve *Humano, demasiado humano* (1878), qualificado por ele mesmo como «um livro para espíritos livres» e dedicado à memória de Voltaire. É, com efeito, uma obra tipicamente nietzscheana, escrita em fragmentos, pensamentos ou aforismos que têm alguma relação entre si e recebem um título comum. As figuras de referência não são já Schopenhauer e Wagner, mas Descartes e Voltaire. O autor tenta libertar-se de todos os dogmatismos e de todos os preconceitos, e demonstra um profundo desprezo pela metafísica.

Em 1879, é obrigado a renunciar à cátedra de Basileia por doença. Não se tratava de uma enfermidade nova, mas do agravamento dos sintomas que já experimentava nos tempos dos seus estudos em Pforta: reumatismo e fortes dores de cabeça com crises de cegueira. Pode-se dizer que Nietzsche é um doente crônico desde 1873, porque na sua correspondência queixa-se frequentemente de vômitos, dores de cabeça e de estômago, depressões e náuseas que o obrigam a ficar de cama. Conta ter sofrido cento e oitenta crises graves só em 1879, o que o levou à beira do desespero.

A vida errante pela Europa. Novos escritos

Ao demitir-se da Universidade na qualidade de catedrático, passa a receber da cidade de Basileia uma pensão anual que será a base do seu sustento econômico nos anos vindouros e lhe permitirá dedicar-se unicamente a refletir e escrever. Começa então uma vida errante de uma cidade para outra, à procura de um clima benéfico para a sua saúde delicada. A partir desse momento, dividirá o seu tempo entre a *riviera* italiana ou francesa no inverno, Veneza na primavera e as montanhas da Suíça no verão, sobretudo a região do Alto Engadin, e curtas estadias com a família, em Naumburg.

Em Gênova termina *Aurora* (1881), amontoado de 574 aforismos sobre temas díspares, ligados por um fundo comum: a sua revolta contra a moral e o cristianismo que sustenta essa moral.

No verão do mesmo ano, caminhando à beira de urn lago suíço, experimenta o que considera a «grande revelação»: a inspiração do «Zaratustra» e a ideia do «eterno retorno», motivos dos livros posteriores. Em 1882, publica *A gaia ciência*, como continuação de *Aurora*, também em forma de aforismos, com um fundo radical e destrutivo de todos os valores vigentes. Nesta obra iniciam-se os temas da «morte de Deus» e do eterno retorno, que desenvolverá mais em *Assim falou Zaratustra*.

Prosseguindo nessa vida solitária, errante e doente, em abril de 1882 conhece Lou Andreas Salomé em Roma. Lou Salomé era uma jovem judia russa, ex-amante do poeta Rilke, ateia, discípula apaixonada de Freud e autora de várias obras. A sintonia entre ambos entusiasma Nietzsche, que, sem pensar muito, a pede em casamento. Surpreendida, Lou recusa amavelmente. Seguem-se diversos encontros com ela e com o amigo comum, Paul Rée, ao longo de viagens pela Suíça e Alemanha, e um novo pedido de casamento. A jovem russa recusa de novo (acabará por casar-se com Paul Rée), e separa-se definitivamente de Nietzsche em Leipzig. Depois dessa ruptura, Nietzsche tem fortes períodos de depressão e de desejos suicidas. São desse tempo alguns breves escritos fortemente antifeministas.

A primeira grande obra deste último período é *Assim falou Zaratustra*, que se vale do nome e da figura do profeta persa. Consta de quatro partes, escritas ao longo dos anos 1883 e 1885 entre a Itália e a Suíça. Trata-se de uma obra enigmática, composta de uma série de discursos do «profeta» acerca de temas muito variados, justapostos em confusa desordem e invariavelmente terminados com a fórmula «assim falou Zaratustra». Nietzsche põe na boca de Zaratustra a proclamação da «morte de Deus», do «eterno retorno de todas as coisas» e da aparição do super-homem, com a destruição de todos os valores sociais e morais vigentes até então.

Ninguém põe em dúvida a originalidade e a força poética desta obra, ou a energia expressiva de muitos dos seus pensamentos. Mas também é inegável que estamos diante de um Zaratustra bufão e histriônico, que delata o desequilíbrio mental do autor. Nietzsche exaltou este livro como uma obra-cume da literatura universal, chamada a substituir a Bíblia; em 1884, escrevia por exemplo a um amigo:

«Com este Zaratustra, acredito ter levado à perfeição o idioma alemão. Depois de Lutero e de Goethe, era preciso dar um terceiro passo»*.

Quanto ao fundo filosófico, a obra segue a mesma linha de pensamento dos trabalhos anteriores, embora cada vez mais radical e explícita.

Nos anos seguintes, Nietzsche procura oferecer a sua filosofia ao mundo, pois considerava o *Zaratustra* apenas como «o vestíbulo» das suas ideias. No inverno de 1886, conclui em Nice *Para além do bem e do mal. Prelúdio de uma filosofia do porvir*, uma obra sombria, hipercrítica, pensada como um segundo volume para o *Humano, demasiado humano*. Nela prossegue com a sua crítica da religião, da filosofia, da política e, sobretudo, da moral.

―――――――――
(*) Cit. em Frederick Copleston, *Nietzsche, filósofo da cultura*, Tavares Martins, Porto, 1972, p. 186.

No ano seguinte, 1887, conclui *A genealogia da moral. Um escrito polêmico*, que compreende três breves dissertações nas quais desenvolve a teoria, iniciada na obra anterior, da «moral dos escravos» e da «moral dos senhores».

À medida que passam os anos, a sua paixão crítica torna-se mais violenta. Escreve e lucubra sem cessar, febrilmente, antecipando já o fim da sua vida lúcida. Em 1888, escreve *O caso Wagner, O ocaso dos ídolos, Nietzsche contra Wagner* e, principalmente, *O Anticristo, ensaio de uma crítica do cristianismo*, obra panfletária, para concluir com o *Ecce Homo*, um relato autobiográfico e confissão ao contrário, ou seja, uma defesa e exaltação de si próprio.

Os meses do outono de 1888 são também os últimos da sua vida consciente. Vivendo em Turim, esgotado e com crises nervosas, decide redigir uma suposta obra definitiva em quatro volumes, ordenando as anotações que vinha fazendo desde 1885. Se nunca fora capaz de escrever uma obra sistemática, menos ainda agora, em pleno período de prostração física e mental. Apenas deixou uma volumosa coleção de 1066 aforismos que intitulou *A vontade de poder. Ensaio de uma transmutação de todos os valores*, que seria publicada depois da sua morte.

A vida consciente de Nietzsche termina em 1889, após claros sintomas de desvario mental: esquece o seu domicílio, redige curtos bilhetes assinados como «Dionisos» ou «O Crucificado», e a sua personalidade esfacela-se. No dia 3 de janeiro de 1889, cai sem sentidos numa rua de Turim; é trasladado semi-inconsciente para Basileia e, na clínica psiquiátrica da Universidade, diagnosticam-lhe uma «paralisia mental progressiva» (*sic*), causa de loucura. Passa uns tempos na casa da mãe, em Naumburg, e quando ela morre, em 1897, é levado para Weimar, para perto da irmã. Morre a 25 de agosto de 1900 sem ter recuperado a razão, e é sepultado em Röcken, a cidade onde nasceu.

Contra Hegel: o combate à «razão geométrica»

Para resumir de alguma forma a figura do pensador alemão e a sua contribuição permanente para a História da Filosofia, talvez possamos dizer que foi o maior anti-hegeliano do século XIX.

Como todos nós, Nietzsche foi filho do tempo em que viveu. Na Alemanha da sua época, o ambiente — ao menos do ponto de vista do estudo, da cultura e da compreensão da realidade — estava penetrado de alto a baixo pela poderosa inteligência de Georg Wilhelm Friedrich Hegel (1770-1831), o que quer dizer *System*: sistematização, ordem, peças perfeitamente encaixadas na tentativa de formar um compacto edifício de ideias capaz de explicar exaustivamente o dinamismo dos processos naturais e sociais, tudo sob o domínio incontestado da razão. A perene pergunta humana «o que é tudo isto?, para onde vamos?, e como vamos?», Hegel tinha respondido com uma construção maciça, um quebra-cabeças acabado e totalmente encaixado por obra e graça da dialética implacável da História* e pela ação do Espírito Absoluto**,

---

(*) A noção hegeliana de «dialética» nada tem a ver com o que a palavra significa normalmente, isto é, o avanço do conhecimento humano por meio da contraposição de opiniões (tese vs. antítese) para chegar a uma conclusão (síntese). Hegel une (ou confunde) no seu sistema o plano da razão humana com o da realidade exterior à nossa mente; assim, «dialética» designa para ele o próprio processo pelo qual o Universo material e a História humana progridem. Cada coisa («tese») — cada organismo, cada instituição ou situação histórica, cada sociedade — daria origem, pelo fato de ser imperfeita, *à sua própria negação* («antítese»), que por sua vez daria origem a uma nova negação (a «antítese da antítese»), etc., num processo cíclico e repetitivo de tese-antítese = nova tese-nova antítese, etc. A «força do negativo», para Hegel, seria o motor da História.

(**) O Espírito Absoluto, criação particular de Hegel, seria a «Vida» e o «Uno»: um «espírito divino-humano», um «pensamento que se pensa a si mesmo», e também «a Ideia», a «realidade única» que, por

protagonista dos tempos e, em última análise, das ações humanas.

A *dialética da História*, como Hegel a concebia, produzia rígidos esquematismos à hora de explicar os processos sociais e políticos, interpretando-os mais ou menos à maneira dos favos de mel das abelhas: compartimentos separados e como que independentes.

O problema é que a verdadeira História humana não é tão dialética assim — ao menos tão dialética como a que Hegel inventa (porque estamos diante de uma autêntica invenção) —, e muito menos é implacável, como já mostraram Heródoto e Tucídides há muitos séculos. Além disso, a natureza exata do Espírito Absoluto, encarregado de dar consistência aos

---

ser única, não aparece de uma só vez, mas se desenvolve gradualmente ao longo da História da humanidade (precisamente de maneira «dialética»). O filósofo assinala seis fases desse desenvolvimento: Consciência, Autoconsciência, Razão, Espírito, Religião e Saber Absoluto.

muitos fios soltos que ficaram no sistema hegeliano, jamais foi esclarecida satisfatoriamente pelo próprio autor.

O *Espírito Absoluto* de Hegel sugeriria a onipresença de um Deus identificado com os processos históricos e naturais, ou seja, um panteísmo*. Filosoficamente, porém, o panteísmo é muito frágil, e desde os tempos clássicos costuma ser acusado — para usarmos apenas umas poucas e informais palavras — de ser um saco-de-gatos furado no qual se enfia tudo o que não se consegue explicar melhor. Sem deixar de respeitar Hegel como um grande pensador, viu-se que o seu prédio, tão aplaudido pela cultura alemã do século XIX, tinha muitas rachaduras. A razão humana tinha usado todo o seu poder

---

(*) Posição filosófica que defende a identificação da divindade com os seres materiais: cada um deles, e todos, seriam «manifestações» ou «emanações» da divindade, podendo dizer-se que todos eles «são Deus». Não haveria diferença ou distinção entre Deus e o Universo.

para entender e explicar o conjunto da realidade, mas não o conseguira, e muitos se aperceberam disso.

Nietzsche contempla essa situação com grande lucidez. A sua aguda sensibilidade, os seus estudos e as suas reflexões levam-no a erguer-se contra essa sistematização radical, proclamando com fortíssima indignação o primado da vida e da liberdade (entendidas por ele, porém, de um modo muito peculiar e discutível) perante o excesso de racionalismo asfixiante presente em Hegel, que — segundo pensava — paralisava todas as expressões artísticas, culturais e científicas.

Essa situação subleva as suas muitas energias, porque entrevê o estrangulamento da vida real por parte de um racionalismo exasperado, que se refugia nas regras da lógica para fugir do compromisso e da responsabilidade de aceitar a vida como ela é. Essa «razão geométrica» que espartilha tudo é, para Nietzsche, e com razão, uma fuga da vida, uma rendição vergonhosa e covarde que deve ser combatida sem pausa e com todos os meios.

Mas o anti-hegelianismo da obra escrita de Nietzsche vai muito além dessa reivindicação. Pode ser considerado um grito violentíssimo que acaba por se dirigir contra o universo inteiro, uma explosão temperamental e com frequência patológica, algumas vezes genial na incisividade com que denuncia as deficiências humanas, outras ofensivamente injusta e descaradamente parcial. Os seus livros refletem a sua vida porque foram pensados e elaborados com sofrimento, transportando furiosamente para a palavra escrita, numa enchente de primeiras impressões, a sua aguda sensibilidade e o seu doentio e trágico mundo interior.

A CRÍTICA À RELIGIÃO

A violenta crítica de Nietzsche à religião procede igualmente das suas leituras e reflexões sobre a situação cultural da Europa que ele conheceu, e, fundamentalmente — embora ele mesmo não o reconheça —, das suas raízes luteranas. Muitos autores assinalam que é precisamente a fúria dos seus ataques o que revela um autêntico pânico diante do que ele sabe ser realidade, mas que se recusa *a priori* a admitir[*].

Em *A genealogia da moral*[**], sugere que a ideia de Deus teria sido originada pelo

---

[*] Cf., entre outros, Frederick Copleston, *op. cit.*, e Rüdiger Safranski, *Nietzsche, biografia de uma tragédia*. Geração Editorial, São Paulo, 2001, *passim*.

[**] Publicações Europa-América, Lisboa, 1978, pp. 106-108.

medo: o medo primitivo dos antepassados e do seu poder teria levado gradualmente à transfiguração desses antepassados em deuses. Porém, o que verdadeiramente não tolera não é um deus qualquer, mas a noção do Deus cristão:

> «Um Deus onisciente e onipotente que não se empenha em que as suas intenções sejam compreendidas pelas suas criaturas — poderá por acaso ser um Deus de bondade? Um Deus que, durante milhares de anos, tem permitido que continuem à solta inumeráveis dúvidas e escrúpulos, como se não tivessem importância para a salvação da humanidade, e que, no entanto, anuncia as mais terríveis consequências para todo aquele que interprete mal a sua verdade — não seria um Deus cruel?»*

(*) *Aurora*, Publicações Europa-América, Lisboa, 1978, afor. 91.

Este texto, ao qual seria fácil acrescentar muitos outros do mesmo teor, deixa à mostra a raiz religiosa protestante de Nietzsche. Prescindindo do fato de que Deus sempre dá aos homens os meios de conhecerem a verdade, a sua alusão a «terríveis consequências» é tudo, menos católica.

Nietzsche não conheceu o conteúdo pleno da Revelação tal como é transmitida pela Igreja Católica, e, pelos seus escritos, fica claro que o seu estudo das religiões foi muito superficial. A severidade luterana, a sua desconfiança da liberdade, o temor servil de um Deus que tanto pode salvar como condenar, sempre arbitrariamente, subjaz com força nessas afirmações indignadas. Aqui não há o menor sinal da frutuosa interligação entre a fé e a razão que João Paulo II pôs de relevo com tanta profundidade e oportunidade na Encíclica *Fides et ratio**; aqui o homem lida com

---

(*) Cf. João Paulo II, Carta Encíclica *Fides et ratio*, 14.09.1998.

um Deus que não é considerado Pai, um Deus em quem não se confia, um Deus temido, não amado. Ora, não são poucos os sofrimentos que derivam, para Nietzsche como para qualquer homem, de uma noção equivocada de Deus.

A morte de Deus

Mas a principal objeção do pensador contra Deus é que seria contrário à vida como afirmação de si própria, como vontade de poder. Essa é a razão mais profunda, a verdadeira causa: para o homem poder afirmar a sua vida em todo o seu poder e liberdade, para ser capaz de elaborar valores e de vivê-los, é, segundo Nietzsche, absolutamente necessário suprimir Deus do horizonte, de forma a garantir que não mais influa nessa vida que é absolutamente nossa.

Para que a vida seja nossa, Deus não pode agir. Por isso, trata-se não apenas de esquecê-lo, mas de aniquilá-lo, de matá-lo.

Já em *A gaia ciência* o escritor fala dos horizontes abertos pela notícia:

> «Deus está morto; os nossos corações transbordam de gratidão, de admiração, de pressentimento e de expectativa. O horizonte aparece, finalmente, mais uma vez aberto, mesmo que tenhamos de admitir que não é brilhante; os nossos navios podem, por fim, sair para o mar, enfrentando qualquer perigo; todo o risco está agora ao alcance daquele que for prudente; o mar, o *nosso* mar, está novamente aberto diante de nós, e talvez nunca tenha existido um *mar aberto* dessa natureza»*.

A notícia de que «Deus está morto» significa para Nietzsche, sem dúvida, que a vida está desprovida de um sentido claramente determinado. Daí a sua satisfação:

(*) *A gaia ciência*, Abril, São Paulo, 1983, afor. 343.

podemos inventar os nossos próprios valores, podemos exercer ao máximo a vontade de poder, estamos a sós com o nosso risco e a nossa liberdade; somos, finalmente, homens.

Os que acreditam em Deus desprezam a vida, são decadentes e blasfemos da terra:

> «Aconselho-vos, meus irmãos, a manter-vos fiéis à terra e a não acreditar naqueles que vos falam em esperanças para além da terra. Esses homens são envenenadores, quer o saibam, quer não»*.

A afirmação de que Deus «morreu», de que «foi assassinado» pelos homens, traz como consequência o desabamento de todos os valores nos quais a Europa se tinha baseado até então, e o pensador tem consciência disso. Zaratustra-Nietzsche anuncia uma revolução como jamais houve

---

(*) *Assim falou Zaratustra*, Abril, São Paulo, 1983, p. 7.

na História, uma terrível convulsão nos espíritos que abrirá passagem a uma nova ordem no mundo, comandada pelo fim das religiões e especialmente do cristianismo, criador de escravos e daquilo que ele chama «a moral do rebanho» (satisfeita, tranquila e saciada na sua mediocridade). A morte de Deus, embora provoque esse apocalipse total, anuncia ‹também o advento dos homens superiores, criadores eles mesmos dos seus valores, simbolizados na figura do super-homem.

Como já dissemos mais de uma vez, é inútil tentar encontrar uma sistematização nestes pensamentos; até certo ponto, é possível falar de um fio que os une, mas apenas fragmentariamente, inserido aqui e ali nas suas obras. Esse fio é precisamente, mais do que o ateísmo, o *antiteísmo* de Nietzsche, radical e indiscutido desde os anos da Universidade: crer em Deus significa permitir que Outro me guie, me diga o que devo fazer, dite as leis da minha vida, marque o rumo dos meus passos. O nosso pensador dirá que isso me anula como pessoa, que me impede de viver a minha vida, de tomar as minhas próprias decisões e de criar os meus próprios valores.

A influência da única filosofia que ele conheceu, o racionalismo que vai de Descartes a Schopenhauer, passando por Kant e Hegel, aparece aqui em todo o seu vigor e reflete o problema mais profundo que Nietzsche enfrenta: se sou eu quem cria os valores, se, para viver dignamente, sou eu que devo decidir o que é verdadeiro e o que é falso, sem recorrer a nenhuma referência exterior nem superior a mim, isto é, se não podemos falar de *transcendência* (conceito que lhe provocava arrepios de indignação), então Deus torna-se inimigo da minha vida, de qualquer vida, e deve ser, não apenas esquecido, mas morto. Matar Deus é afirmar a minha vida, vida que eu perderia se acreditasse nEle.

Não há um único argumento nos escritos do pensador alemão dedicado a tentar demonstrar que Deus não exista. Para ele, trata-se de um axioma, e um axioma certamente arbitrário: tornado deus para si próprio, Nietzsche-Zaratustra «revela» o dogma da inexistência de Deus com autoridade autoconferida.

Hoje, já somos capazes de enxergar o século XX numa perspectiva suficientemente abrangente para entender melhor as consequências da «morte de Deus»: se cada homem se torna criador dos seus próprios valores, é inevitável a pugna com o vizinho, que também quer criar os seus. O próximo já não é próximo, mas adversário, e então eclode uma espiral necessária de antagonismos e de violências, porque os meus valores só podem prevalecer se eu eliminar os concorrentes.

Esse enaltecimento arbitrário e agressivo da superioridade individual, transportado ao terreno social e político, produziu as maiores convulsões da História — até o momento, pelo menos —, a ponto de muitos intelectuais e homens de pensamento, contemplando a catástrofe das duas guerras mundiais e o perigo de uma hecatombe nuclear, se terem perguntado se a «morte de Deus» não terá provocado, antes de mais nada, a *morte do homem*, perdido e angustiado entre a violência, a perplexidade para encontrar caminhos e um futuro sombrio.

O ateísmo da Europa e a ansiedade das massas

Como acabamos de ver, o conceito «cristão» de Deus, segundo Nietzsche, é o de um Deus em contradição com a vida:

> «Com Deus, declarou-se guerra à vida, à natureza e ao desejo de viver. Deus é a fórmula, para toda a calúnia deste mundo e para toda a mentira respeitante ao além-mundo! Em Deus

está divinizada a nulidade, e o desejo de nulidade é declarado santo!»*

E Zaratustra pronunciará palavras proféticas:

«Dispersos entre as diferentes nações da Europa, há agora de dez a vinte milhões de homens que já não acreditam em Deus. [...] Logo que os seus caminhos se encontrarem, dar-se-ão a conhecer e imediatamente se tornarão um poder na Europa»**.

É uma descrição sumária do ateísmo prático das sociedades opulentas atuais, que a mídia propaga todos os dias. O moderno *welfare State* proporciona uma tal sensação de segurança e de domínio, de

---

(*) *O Anticristo*, Abril, São Paulo, 1983, p. 146.

(**) *Aurora*, Europa-América, Lisboa, 1984, afor. 96.

autossatisfação e de autocontrole, que Deus parece não fazer falta para gerações inteiras de homens. O Deus Pai e Redentor passou a ser o desmancha-prazeres do homem massificado e satisfeito, que não tolera ninguém acima dele e deseja ser o único autor do seu destino, um destino, aliás, que não é mais eterno e espiritual, mas terreno e material.

Sabemos muito bem, ou pelo menos intuímos no nosso íntimo, que um empenho fervoroso pelo bem-estar material como o que presenciamos nos nossos dias não passa de um mesquinho *Ersatz*, um pobre substitutivo para o esforço de amar a Deus sobre todas as coisas. «Ter sucesso» e «ter visibilidade» é o ideal de quem desistiu de *ser homem* — ou seja, em última análise, de ser santo, pois a santidade é a plenitude do ser humano. A salvação foi trocada pelo bem-estar; o «estado de graça», pelo «estado de saúde», aliás objeto de um verdadeiro culto, cheio de exigentes sacrifícios.

O ateísmo prático trouxe consigo a massificação, isto é, precisamente o triunfo desse «homem-rebanho» que Nietzsche pretendia liberar. Para o novo homem-ovelha, tudo é «consumível»: objetos materiais, ideologias, religiões, modas, alimentos, dinheiro ou seres humanos, tanto faz. *Consumo, logo existo*. Mas essa voracidade, nunca satisfeita porque o homem não é um ser de «consumação», e sim de finalidades, leva à inquietação permanente, a experimentar tudo e a não comprometer-se com nada, ao deserto da falta de raízes e da movimentação contínua*.

Mais cedo ou mais tarde, semelhante vida ocasiona ansiedades terríveis e

---

(*) Um exemplo entre milhares: um dos protagonistas do filme *Les invasions barbares* (dirigido pelo canadense Denys Arcand, 2003), doente terminal de câncer, faz o balanço da sua vida, em conversa com os amigos, e conclui: «Fomos idiotas. Fomos marxistas, existencialistas, niilistas... Não houve nenhum «ismo» em que não tivéssemos embarcado».

insolúveis nesse homem pretensamente «liberado» de Deus. O medo da condenação eterna cedeu o lugar nele ao pânico perante a morte biológica e à rejeição histérica de qualquer desconforto. Tendo desistido do céu, esse homem não encontra mais a sua pátria em lugar algum — muito menos nessa terra a que devia manter-se fiel.

A herança da crítica à religião

Nietzsche declara diversas vezes que o deicídio por ele proclamado já foi perpetrado pela filosofia anterior*. Zaratustra, mais do que anunciar, revela esse

---

(*) É uma realidade filosoficamente indiscutível que a filosofia racionalista, propagada a partir do século XVII com Descartes, traz no seu seio postulados teóricos que desembocam posteriormente, por mera coerência, na negação da existência de Deus ou, no mínimo, na concepção de que Deus está totalmente alheio aos homens.

magnicídio, exaltando-o com orgulho como o advento de uma nova era de liberdade para o homem. Nietzsche busca uma transcendência que reside no interior do homem e opera a partir dele: é ele quem a «cria», porque é ele quem «cria» todos os valores.

Porém, o homem, que não deu a vida a si próprio, mas a recebeu, foi criado para algo que também está para além dele. Nós, cristãos, sabemos que fomos criados para a união de amor com Deus, de cuja amizade podemos e devemos participar já nesta vida para encontrá-la em plenitude na outra. A morte de Deus nas consciências traz como resultado a mais absoluta solidão, que o precário convívio com os outros homens jamais poderá preencher. E não poderá, entre outras coisas, porque o próprio princípio da união — que é o amor bom, a benevolência — morreu na alma solitária juntamente com Deus.

Só resta então, como um resíduo, aquilo que podemos contemplar tantas vezes hoje em dia: relacionamentos humanos reduzidos à busca da autossatisfação em «amores» que nada fazem por merecer esse nome, ou a um cálculo «competitivo» de interesses e vantagens, ou ainda a uma «solidariedade» de fachada que mal encobre o jogo do poder, econômico, político ou cultural.

Assumida essa tremenda responsabilidade, o olhar penetrante de Nietzsche leva-o como consequência a acusações implacáveis. Com efeito, se a morte de Deus significa que não há nenhuma instância superior aos desejos pessoais, à afirmação da vida radicalmente individual, então qualquer entidade acima do indivíduo será tirânica, como por exemplo o Estado:

«O mais frio dos monstros é chamado de Estado. Mente também ele friamente, e eis a mentira rasteira que sai da sua boca: «Eu, o Estado, sou o

Povo». — Mentira! Os que criaram os povos e ergueram diante deles uma fé e um amor, esses serviam à vida e eram criadores. — Os que controlam com laços o grande Número, e chamam a isso Estado, são destruidores; suspendem sobre eles uma espada e cem apetites. — Ali onde ainda existe um povo, não se compreende o Estado»*.

É muito interessante notar a afinidade com Kierkegaard neste ponto. Basta uma única citação deste autor:

«A multidão é mentira. Daí que ninguém sinta mais desprezo pelo homem do que aqueles que fazem de conduzir a multidão a sua profissão. Se uma pessoa se aproxima de um indivíduo desse tipo, merece tão pouco a sua atenção que é orgulhosamente rejeitada.

(*) *Assim falou Zaratustra*, op. cit., p. 18.

É preciso que, pelo menos, sejam centenas. E quando são milhares, então esse indivíduo condescende com a multidão e inclina-se diante dela»*.

Dando um passo mais, a ira e o desprezo de Nietzsche atingem os substitutivos de Deus no coração dos homens:

«Olhai para os supérfluos! Roubam as obras dos inventores e os tesouros dos sábios, e chamam de civilização o seu latrocínio. Sempre estão doentes; expelem bílis, e chamam isso de jornais. Devoram-se entre si, e nem sequer podem digerir-se. Adquirem riquezas, e tornam-se mais pobres. Querem o poder, esses impotentes, e antes de mais nada a alavanca do poder: muito dinheiro!»**

(*) Sören Kierkegaard, *O meu ponto de vista*, cit. em Frederick Copleston, *op. cit.*, p. 134.

(**) *Assim falou Zaratustra, op. cit.*, p. 28.

Reconheçamos que estas palavras ao menos são uma fotografia fiel do rosto desumano que o mundo da indústria, da mídia e das finanças pode vir a apresentar quando pretende tornar-se «soberano».

Mas esse fenômeno é tudo menos novo: *Por que se rebelam as gentes e os povos meditam coisas vãs? Levantaram-se os reis da terra, e os príncipes reuniram-se contra o Senhor e contra o seu Cristo*: «*Quebremos as suas cadeias e lancemos para longe o seu jugo!*»[*] Em nome de quem o homem «liberado de Deus» poderá admitir uma lei? Onde procurará refúgio, um lugar humano? Certamente que não na *verdade*, que morreu ao mesmo tempo que Deus. Já não tem nada a que agarrar-se. Deve ser, sempre e só, apenas ele mesmo: o homem-homem é apenas homem. Mas, o que é o homem? Sem uma referência ao

---

(*) Sl 2, 1-3.

transcendente, é muito difícil dizer *o que* é o homem em geral; mas muito mais difícil ainda é dizer *quem* é este homem — tu, eu, o outro... —, este homem real que antes não era, e que quereria continuar a ser sempre.

A «morte de Deus» teve forte influência sobre algumas correntes teológicas nascidas na década de 50 e, muito diretamente, em toda a antropologia e ética do século XX, que por sua vez influenciaram a sociologia, o estudo da história e a psicologia. Basta pensar em alguns nomes cuja trajetória intelectual é, em alguns aspectos, herdeira das leituras de Nietzsche: Freud*, Marcuse**,

---

(*) Siegmund Freud (1856-1939), o fundador da Psicanálise, professa um materialismo radical e considera a existência de Deus e a religião como uma alienação que reprime os instintos humanos mais naturais.

(**) Herbert Marcuse (1898-1979) fugiu para os Estados Unidos em 1934, perseguido pelo nazismo, e lá viveu até morrer. Foi professor da Universidade de Berkeley e ponto de referência das agitações estudantis

Adler*, Camus**, Sartre***, Beckett**** etc.

O conceito da «morte de Deus» leva, pois, a uma demolidora crítica da religião

---

de 1968. Tentou conciliar a teoria freudiana da repressão com a análise marxista do homem e da sociedade. No seu livro *O Homem de uma dimensão* (1964) defende a tese de que a sociedade paralisou a crítica através da criação do controle total das decisões pela ditadura da tecnologia.

(*) Alfred Adler (1870-1937) foi o fundador da chamada *Psicologia individual* e um firme opositor de Freud, depois de ter sido seu aluno. Adler aplica à psicologia e à psiquiatria clínica o conceito de «vontade de poder» de Nietzsche.

(**) Todos os romances e ensaios de Albert Camus (1913-1956), Prémio Nobel de Literatura em 1951, partem de um ateísmo radical e indiscutido para abordar os problemas do seu tempo.

(***) Jean-Paul Sartre (1905-1980), fundador da filosofia existencialista, considera absurdo o mundo, absurdo o homem e também absurda a existência de Deus.

(****) Samuel Beckett (1906-1975), dramaturgo irlandês residente na França a partir de 1938, foi Prémio Nobel de Literatura em 1969. As suas peças teatrais destacam a decomposição da linguagem, do homem e da sociedade como um todo, num ambiente depressivo no qual não há lugar para Deus.

(melhor, da ideia que Nietzsche tinha da religião) e à proclamação da subversão de todos os valores morais e sociais vigentes em favor da criação de novos valores. A atual sociedade secularizada, materialista e agnóstica (quando não ateia) tem aqui algumas das suas raízes, que por sua vez desembocam em modelos econômicos cegamente consumistas e numa ética relativista. O relativismo ético, como veremos, aliado explícita ou implicitamente à vontade de poder, levou ao individualismo mais feroz e radical que a sociedade conheceu até o momento.

A CRÍTICA DA MORAL E A SUBVERSÃO DE TODOS OS VALORES

A moral dos escravos

A *Genealogia da moral* marca o ponto extremo das ideias de Nietzsche sobre moral, já esboçadas nas obras anteriores. Na verdade, com esse livro, o pensador pretendia sistematizar (coisa pouco usual nele) o que vinha lucubrando desde os tempos da juventude.

Como vimos, o achado do livro de Schopenhauer, *O mundo como vontade e como representação*, mergulhou-o numa poltrona durante vários dias e noites, até absorver o seu conteúdo. Dessa leitura deduziu, entusiasticamente, que afirmar a vida exigia reagir contra a razão e contra a moral, porque a moral dos povos teria sido criada sobre a recusa e a negação da vida.

A moral contra a qual Nietzsche se revoltou, tal como o cristianismo que atacou, era uma criação sua: uma moral de submissão e de sujeição. Chama-lhe «moral dos escravos» e apresenta-a como um ressentimento, um recalque covarde perante a expressão pletórica e autossuficiente da vida, própria da energia e da força dos poderosos. Perante a impossibilidade de conseguir essa plenitude vital, os homens de ânimo servil teriam reagido com atitudes que não seriam senão a institucionalização da sua fraqueza. A vida pusilânime, assim estabelecida, teria espalhado pelas sociedades europeias os valores que, na opinião do pensador alemão, seriam os mais desumanos e falsos que é possível imaginar: a caridade, a humildade, a resignação, a paciência, a misericórdia. «Por que os cristãos — gritava — têm o ar de cães apedrejados?»

Os «escravos» não assumem a vida na sua face autêntica e crua, têm medo dela e das suas consequências, e dulcificam-na criando a ficção de um mais-além feliz e estático, prometido aos que se submetem a esses ideais. Essa — pensa Nietzsche — é uma moral gregária, uma «moral de rebanho», que defende os valores do grupo e condena os individuais, porque é no grupo que o fraco se defende do forte*.

Se qualquer moral vigente, por ser inimiga da vida, já seria desprezível, é a moral cristã que recebe dele os ataques mais

---

(*) Freud bebe diretamente dessa fonte à hora de explicar as suas teorias da «repressão inconsciente», tanto individual quanto social, do «complexo de culpa» e a sua noção de «ressentimento», que aplicará primordialmente à esfera sexual. Apesar de afirmar que as suas leituras de Nietzsche foram superficiais e apressadas e que mal o conhecia, há em alguns dos escritos freudianos mais famosos parágrafos inteiros copiados textualmente. Cf. J. Choza, *Conciencia y afectividad: Aristóteles, Nietzsche, Freud*, EUNSA, Pamplona, 1987.

furibundos e persistentes, porque seria a responsável direta pelo estado de coisas vigente na Europa. O triunfo do cristianismo no Ocidente — entendido por ele mediante uma discutível e arbitrária análise da decadência do Império Romano (foi a moleza dos romanos que abriu a porta aos cristãos, dirá) — consagra por milênios a moral do rebanho, a moral dos covardes, a «moral dos vampiros» que sugam a energia criadora que ainda restava dos clássicos gregos. Só ficaram na Europa a mediocridade e a passividade.

Interessa ressaltar que, para Nietzsche, os «clássicos» gregos são os anteriores a Sócrates. Sócrates, por sua vez, seria culpado de traição por ter introduzido na mentalidade ocidental os conceitos centrais da «moral dos escravos», tais como o bem e o mal objetivos, a veracidade e a honestidade, o desejo do conhecimento próprio, etc., precisamente as ideias que, divulgadas mais tarde por São Paulo, formariam a base da moral do rebanho. Tanto o sábio grego como o santo cristão são furiosamente insultados por Nietzsche.

A moral cristã é para ele um decadente «desejo de insignificância», covardia que aglomera todos os conformismos, algema que prende a um código de conduta, pretexto para esconder a real intenção de drenar da vida a sua energia e sangue, provocando hostilidade contra os sentidos e abafando os instintos.

Nietzsche é o primeiro (será seguido depois por outros) que, abertamente, considera o cristianismo um inimigo radical da vida. Proclama que a Igreja, ao voltar-se contra as paixões (ideia que, na verdade, está a anos-luz dos ensinamentos católicos, como veremos), seria inimiga da natureza e «niilista»*, porque «opor-se à vida» seria «niilismo».

(*) O «niilismo» no sentido nietzscheano significa, precisamente, opor-se ao que ele entende por vida — é não viver, optar pela morte. O niilismo filosófico, no sentido mais usual, defende o nada como origem e destino de todas as coisas.

Os cristãos, em consequência, são tristes niilistas, propugnadores do nada, uma vez que no mundo só existe a vida como vontade de poder e eles fogem dessa evidência.

Já dissemos que Nietzsche entendia o cristianismo e a moral a partir da perspectiva protestante-pietista em que foi educado: uma doutrina repleta da luterana suspeita contra as paixões humanas (indiferentes em si, mas não perniciosas por definição, como pensava Lutero, e que, retamente conduzidas, podem colaborar com intensidade maior ou menor na perfeição dos atos humanos livres) e da condenação da liberdade, e apoiada numa fé em Deus que considerava inútil toda a colaboração humana. Não é de estranhar, em consequência, que, perante essa religiosidade que poderíamos chamar primordialmente passiva, o Nietzsche entusiasta dos gregos sinta vibrar de indignação todas as fibras do seu ser, indignação exasperada pela sua exuberância como escritor e pela sua demência progressiva.

Para ele, pois, é necessário subverter por inteiro esses valores, pôr um fim à moral do rebanho e, para isso, destruir qualquer resíduo religioso na mente dos homens. Zaratustra-Nietzsche será, segundo ele mesmo, o embaixador da maior revolução conhecida. Mas, entenda-se, é necessário destruir sem piedade para a seguir erguer, como novidade radical que ninguém jamais viu, a nova moral.

A *moral dos senhores*

Perante a «moral dos escravos», Nietzsche propõe a «moral dos senhores», aristocrática, que exalta a individualidade e a personalidade proeminente, excelsa, altiva, arrogante, segura de si, a moral que ele aprendera no estudo dos clássicos gregos: os heróis homéricos ou espartanos que aceitavam *o fatum*, o destino imprevisível e caprichoso, sem adoçá-lo com uma resignação mentirosa, sem auto renúncia nem auto oferenda, sem falsas esperanças no além. Os heróis homéricos não «confundem» fraqueza com bondade, como os cristãos; sabem ser impiedosos e cruéis, porque impiedade e crueldade são um dever inalienável à hora de opor-se à negação da vida (ideia que, como veremos, será aproveitada pelo nazismo).

Esse «radicalismo aristocrático», porque se impõe com força e energia, afirma a vida e prepara aos poucos o advento do «homem superior», o *super-homem*, proclamado já pelo *Zaratustra*. A moral imposta pelo super-homem não é, porém, pura força física ou biológica, mas qualidade. Por isso, o super-homem detesta atos vis, mesquinhos, apetites grosseiramente carnais; o que conta não é tanto a força em si, mas a expressão da força: uma vida ascendente e não decadente, que cria valores unicamente a partir da afirmação radical do seu próprio desejo, sem outras justificativas.

Os homens superiores libertaram-se do jugo da moral de escravos precisamente pela sua superioridade. Mas Nietzsche pede resposta à pergunta: «*Livre para quê?*», e não tanto «*Livre de quê?*» O que define a moral dos senhores não é a pura espontaneidade sem limites, mas tarefa e empenho: Livres para quê? Para a criação de valores. O homem superior tem a vida em plenitude, não precisa do rebanho; do alto da sua solidão excelsa, pode dar finalidade e sentido ao mundo e a si próprio, porque se trata de uma vontade criadora de grandiosos desejos e liberdades.

Uma coisa, no meio dessas indefinições, parece clara: a moral do super-homem é aquele conjunto de valores que ele mesmo define conforme o seu autoproclamado desejo de «superioridade». Coerente com isso, Nietzsche proclamará que a moral é sempre relativa, como é próprio de uma vida em perpétua mutação sem sentido e sem finalidade, na qual não há «naturezas». Os próprios conceitos de bem e de mal estão já relativizados, porque é o super-homem quem os define, sem se ater a outro critério que não a sua superioridade.

O super-homem é, no fundo, um Nietzsche ideal, correspondente em boa parte ao tenso anelo de um homem gravemente doente que, por isso mesmo, ansiava por vida e por saúde. Talvez seja por isso que as frequentes referências ao super-homem estão envolvidas num nevoeiro indefinido: arrogante, seguro de si, forte, pletórico de vida, esportista, intelectual, caprichoso, imprevisível, disposto a subverter tudo para afirmar a própria força, alegre, expansivo, solitário na sua superioridade, mas ao mesmo tempo capaz de sustentar os mais fracos, pronto para a amizade, impulsivo, contraditório, colérico porém autocontrolado... — em suma, um personagem ativo do caos da vida. Mas, será que esse super-homem ou «além-homem» (*Übermensch*) existe?

O super-homem e o nazismo

Não parece possível que Nietzsche — o Nietzsche individualista e solitário, furiosamente alérgico ao Estado tentacular e o mais oposto que se possa imaginar ao absolutismo político — tivesse olhado com simpatia o movimento nacional-socialista alemão.

No entanto, a sua retórica acerca de uma nova tábua de valores, da exaltação do egoísmo, da negação da compaixão, da eclosão da força, etc., parece ter preparado o terreno para um ditador neurótico e delirante e uma nação ébria de poder militar. Assim o sugerem as características que ele atribui ao super-homem e as equívocas afirmações acerca da necessidade de uma «raça superior», que aniquile e supere os valores da moral do rebanho.

Tem-se dito e comentado com frequência que o super-homem que Nietzsche parece contemplar como «ideal» estaria representado pela fusão da «alma germânica» com o espírito dos clássicos gregos, que ele tanto venerava. Esses conceitos bramosos, difíceis de precisar, são-no mais ainda porque o conjunto de aforismos que ele intitulou *A vontade de poder* ficou incompleto quando o autor sofreu o último ataque de loucura. A sua irmã, Elizabeth, com ajuda de amigos do escritor, tentou ordenar e de alguma forma glosar esses escritos, visando a sua publicação póstuma. Parece que a edição não foi feliz, porque recebeu imediatamente uma legião de críticas: os comentários não obedeceriam à verdadeira intenção do autor, a edição esconderia fins comerciais que Nietzsche teria abominado, Elisabeth teria adulterado o pensamento do irmão, a quem jamais teria entendido e cujo itinerário intelectual nunca teria acompanhado, etc.

Seja como for, a questão é ambígua: por um lado, a obra idealiza uma sociedade política forte, que seria a superestrutura da aristocracia que haveria de surgir (com efeito, o nazismo adota essa ideia); por outro, porém, esse Estado onipotente também seria perigoso, um ídolo que subordinaria as suas potencialidades aos seus interesses imediatos e entravaria o crescimento dos espíritos livres e criadores (os super-homens). A ambiguidade permanece quando Nietzsche fala da guerra e da democracia: a guerra seria benéfica porque revigoraria o ânimo decaído de uma nação e abriria uma válvula de escape para o ardor militar e a dedicação heroica, mas seria perigosa e desastrosa porque envolveria o sacrifício dos melhores indivíduos. A democracia, por sua vez, poderia ser considerada uma bênção na medida em que coordenasse esse medíocre e escravizado rebanho que precisa de um senhor, mas seria uma maldição quando envolvesse palavras aliciadoras derivadas do cristianismo (Nietzsche parece pensar aqui no seu próprio país) e trouxesse consigo desconfiança contra a verdadeira *elite*.

No meio desse nevoeiro, que estudos posteriores não conseguiram desfazer, uma observação parece inevitável: a título pessoal, Nietzsche talvez tivesse abominado o nazismo; nos seus escritos, porém, há abundante material para «justificar» teoricamente uma das maiores e mais violentas tiranias da história*.

Tampouco é possível saber se o super-homem é um ou muitos. Nietzsche fala do «grande advento de uma raça superior», mas a sua notável ambiguidade — está mais preocupado com a sonoridade da terminologia e das expressões do que com o seu significado real — não permite falar em «raça pura», como entenderam alguns teóricos do nazismo. Aliás,

---

(*) Deve levar-se em conta, nesta matéria, o caráter fragmentário, aforístico e muitas vezes contraditório da maioria dos seus livros, que torna difícil situar no contexto e, portanto, matizar muitas das suas afirmações.

Nietzsche era antirracista e adversário do movimento antissemita*.

Apesar disso, é historicamente inquestionável que o nazismo pretendeu identificar o super-homem com o «ariano puro», deixando-o tão indefinido quanto aquele, e que pôs em prática decididamente a subversão da moral pregada por Nietzsche — tudo é válido: mentir, trair, espancar e intimidar, torturar e matar e, se necessário, chegar até o genocídio, se conduz ao fim desejado: o predomínio da raça ariana.

Há ainda outros pontos diretamente ligados com as proclamações de Nietzsche: o seu profundo desprezo pelas raças «degeneradas» e as massas «acarneiradas»; a rejeição da cultura moderna entendida como «decadente»; a valorização das «forças» ou «realidades vitais», como a vontade soberana e inamovível; a necessidade

---

(*) Apesar disso, o povo judeu é, para Nietzsche, o «povo sacerdotal» por excelência, amarrado a códigos e precursor imediato da moral do rebanho.

do líder absoluto e imponente; a «beleza» do sangue, etc. É sabido que Hitler falava muito do «destino» concebido em termos nietzscheanos: destino de grandeza (dele mesmo e da raça) e destino de líder que lhe teria sido reservado, e tudo isso unido ao apreço pelo ideal da morte trágica, grandiosa, no melhor estilo do wagneriano «Crepúsculo dos deuses» (*Götterdämmerung*). É o super-homem herói trágico que assume tudo até o fim entre as chamas de gasolina no *Bunker* de Berlim, bem nietzscheano. Acrescentemos ainda que o nazismo tinha o mesmo desprezo violento que o nosso pensador por qualquer forma de religiosidade, e especialmente pelo catolicismo, que perseguiu encarniçadamente.

Uma moral humana

Nietzsche nunca teve acesso à moral cristã enquanto moral da liberdade ou moral que exalta a liberdade, e isso não é difícil de entender quando consideramos as suas raízes. Lutero, com efeito, insiste energicamente em que a liberdade humana, derivada de uma natureza essencialmente corrompida e, portanto, incapaz de fazer o bem por si mesma, é um conceito vazio que não pode ser levado a sério. As ações humanas são sempre pecaminosas, deficientes, viciadas já no seu início. Somente a confiança cega — a *fé fiducial* — em que Deus não nos responsabiliza por elas fornece alguma esperança de salvação*.

Compreende-se que um Nietzsche penetrado do estudo dos clássicos gregos e dos seus valores pagãos sinta uma profunda aversão por essas ideias. Propugna uma moral à altura do homem e entende

---

(*) Pode-se encontrar uma exposição crítica da antropologia de Lutero, com muitas das suas consequências para o pensamento contemporâneo, em Lucas F. Mateo-Seco, *Martin Lutero. La libertad esclava*, col. Crítica Filosófica, Magistério Español, Madri, 1980.

que o homem «cristão» foge covardemente das possibilidades de grandeza e de afirmação pessoal. Essa falsa representação, feita já por Schopenhauer, simplesmente não penetra no âmago do cristianismo. É como se Nietzsche, tal como tantos contemporâneos nossos, tivesse sido coberto pela sombra de D. Quixote: ataca furiosamente gigantes que só existem na sua imaginação.

Na *Genealogia da moral* e no *Ecce Homo*, a leitura que Nietzsche faz dos Evangelhos poderia qualificar-se, para falar com benevolência, de profundamente inadequada. São frequentes as mutilações de passagens, os silêncios arbitrários e as interpretações bizarras, que distorcem tanto o sentido espiritual como o sentido próprio de muitos textos*. O Nietzsche

---

(*) Tanto autores afastados da religião, como Safranski, como mais próximos, como um Heidegger, manifestam surpresa perante a arbitrariedade de Nietzsche ao comentar passagens da Bíblia.

linguista impõe ao texto bíblico as suas ideias pré-concebidas (e, já que estamos no terreno da linguística, por que não dizer: «os seus *pré-conceitos*»?), e o Nietzsche filósofo traça uma caricatura desumanizada de Cristo, desumanizando assim o próprio cristianismo. Acontece que o cristianismo é uma moral *humana*.

Convém que recordemos, ilustrados por um estudioso da estatura de Pinckaers*, que a realidade do ser humano ultrapassa toda a ideia que possamos fazer dele. Com efeito, nenhum conceito de humanidade, nenhuma antropologia, pode dar uma ideia exata, maciça e compacta do que há de mais valioso e característico no homem: a *pessoa*, fonte de atos e de decisões.

O humano está além das nossas sistematizações morais como o horizonte está

(*) Cf. Servais Th. Pinckaers, *Les sources de la morale chrètienne*, trad. espanhola *Las fuentes de la moral crístiana*, 2. ed., EUNSA, Pamplona, 2000, pp. 126ss.

além dos caminhos, dos campos e dos bosques de uma paisagem, embora estes estejam sempre compreendidos nele. Devemos, portanto, ter muito cuidado em não *reduzir* as nossas ideias e conceitos ao estreito horizonte definido pela nossa experiência e pelas nossas limitações particulares, e manter-nos sempre abertos a corrigir o que não tínhamos compreendido, se queremos ser fiéis ao humano em moral. Ou seja, evitemos cuidadosamente a atitude de sermos *donos da verdade*, sabendo-nos pelo contrário, graças à sabedoria humana acumulada e sobretudo graças à Revelação, *mergulhados na verdade* como num oceano que, sozinhos, nunca chegaremos a abarcar.

Esta observação não faz da doutrina moral algo relativo ou então caduco, provisório e vacilante, mas concebe-a como um *caminho*, um direcionamento sustentado por limites determinados, que oferece um chão firme, por vezes duro, precisamente para conduzir-nos a uma meta que está além dele. Os limites, como os *guard-rails* de uma estrada que impedem de cair no barranco e são fundamentais para enxergar o caminho, foram indicados há muito tempo: são os Mandamentos, que se aprendem em qualquer bom Catecismo.

Sem dúvida, isso não pode ser compreendido sem a ajuda da experiência de vida. O humano manifesta-se de forma muito significativa na provação, no seio do sofrimento que toca o homem na sua intimidade e lhe revela algumas das realidades mais essenciais à existência (o conhecimento dos próprios limites e dos limites dos outros, a compreensão, a misericórdia, a paciência... e o fato, que tantos se recusam a aceitar, de que não é precisamente o mundo que se deve amoldar aos nossos desejos e pretensões), tornando-o sensível à dor dos outros e ensinando-lhe essa bondade de coração a que chamamos, precisamente, «humanidade». O humano aparece também no amor e no ódio, na esperança e no desespero, na tristeza, no medo e na alegria, em todas as agitações do nosso coração. E existe ainda a experiência da divisão interior, quando, em situações particularmente complexas, hesitamos à hora de distinguir o bem do mal; ou a experiência da fraqueza e do temor, em que se forja uma das virtudes mais humanas, a valentia. São experiências desse tipo, mais do que todos os livros, que ensinam o que é verdadeiramente humano.

A «humanidade» de Cristo nos Evangelhos é um exemplo revelador. Jesus tem um senso do humano muito mais profundo do que os fariseus legalistas, como o demonstra a sua conduta com os doentes — que cura até em dia de sábado —, com os pecadores — com os quais se compromete —, com as crianças — que os discípulos rejeitam rudemente —, e com os mais humildes, com quem se identifica. Em cada um deles, tanto em Zaqueu como no bom ladrão crucificado, Cristo buscará o que poderíamos chamar o «humano primordial», o homem tal e como saiu das mãos do Criador, como uma imagem a ser restaurada.

O «humanismo» de Nietzsche, em contrapartida, acaba revelando-se bem pouco humano, na medida em que reduz o homem aos seus instintos mais primitivos, ainda que suavizados aqui e acolá com um belo revestimento de «classicismo». A exibição de força bruta não é nunca sinal de «grandeza», nem há sentimentos «nobres» na pura opressão dos mais fracos, da mesma forma que é manifestação da mais reles imaturidade a oposição sistemática a qualquer preceito pelo simples fato de ser «preceito».

O humano aberto ao divino

É sobretudo a experiência da vida de fé que nos ensina que, quanto mais a pessoa se entregue a Deus, quanto melhor corresponda à sua graça, tanto mais humana será, sensível tanto aos outros homens quanto a toda a realidade criada.

Entre o humano e o divino, para além e acima da corrupção causada pelo pecado, subsiste uma certa harmonia que é obra do próprio Deus: é a imagem dEle em nós, que a graça vem restaurar. Por isso, São Tomás afirma que *a graça não corrompe a natureza, mas aperfeiçoa-a**. A restauração operada pela graça devolve ao homem o melhor de si mesmo, humaniza-o, por assim dizer, e torna-o capaz de superar a desordem das paixões, os desequilíbrios ocasionados pelo pecado, as confusões e mal-entendidos fabricados pelo egocentrismo, os falsos sonhos de grandeza da arrogância, etc. Ao mesmo tempo que oferece a possibilidade de um permanente trabalho de restauração da natureza humana, a graça é, com palavras de São Pedro, *participação da*

(*) *Summa theologica*, I, q. 62, a. 5.

natureza divina*, ação verdadeira — não metafórica — de Deus em nós, e isso de forma tão intensa que todos os atos humanos, mesmo os mais banais e intranscendentes, podem ser ao mesmo tempo divinos**.

O furioso ataque de Nietzsche contra a moral foi novo nos termos, mas não na atitude de fundo. Responde a um problema perene, já presente no Evangelho, na recusa dos fariseus e escribas perante os ensinamentos (e até os milagres!) de Cristo: a incapacidade voluntária de abrir mão dos próprios esquemas mentais. A este respeito, é sugestivo o que São Gregório de Nisa escrevia em fins do século IV: «O ensinamento da verdade é recebido de

---

(*) 2 Pe 1, 3-4.

(**) Numa análise penetrante, João Paulo II estuda estas questões na Encíclica *Redemptor Hominis*, aprofundando os ensinamentos da Constituição *Gaudium et Spes* do Concílio Vaticano II. Para uma breve definição e descrição do modo de agir da graça, cf. *Catecismo da Igreja Católica*, nn. 1996-2005.

forma diferente conforme forem as disposições de quem escuta. A palavra mostra igualmente a todos o bem e o mal, mas quem tem boa disposição recebe a iluminação na sua mente, ao passo que aquele que está em disposição contrária, e não é capaz de acolher na sua alma os raios da verdade, permanece na escuridão e na ignorância [...]. Da mesma forma, a vida segundo a luz é oferecida por igual à liberdade de todos; mas uns caminham nas trevas, levados pela sua conduta perversa, e outros são iluminados pela luminosidade da virtude»*.

É claro que aqui não se trata de um moralismo superficial, mas da orientação profunda da liberdade.

O humano aberto ao divino significa aceitarmos a nossa condição de criaturas; significa que temos uma natureza comum, precisamente a natureza de pessoas

---

(*) *Vida de Moisés*, Proa, Barcelona 1991, pp. 65 e 81.

humanas, e significa também que a boa moral, fonte da ética, deve pautar-se pela natureza criada por Deus e redimida por Cristo. É, pois, uma moral de filhos de Deus livres, e está a anos-luz tanto da «moral de escravos» ou «moral do rebanho» como da «moral dos senhores».

João Paulo II, na sua Carta Encíclica *Veritatis splendor*, de 1993, mostra que, quando a moral se separa da verdade acerca do homem, aparecem todas as tiranias. E, para esses efeitos, tanto faz que sejam tiranias *hard*, como os totalitarismos políticos do século XX, ou tiranias *soft*, como a pressão de uma mídia sectária que filtra o que lhe interessa divulgar (e a isso chama «informação»), o martelar incessante da publicidade consumista ou a ferocidade impiedosa de alguns chamados «objetivos comerciais». A «moral do rebanho» foi anunciada por Nietzsche e ninguém pode tirar-lhe o mérito de ter cunhado um conceito tão jornalístico (logo ele, que odiava os jornais); mas não é um resultado do cristianismo, e sim do ateísmo prático da sociedade ocidental. Tanto mais «rebanhos» haverá quanto mais extensa for a pululante coleção de falsidades sobre o homem.

A VONTADE DE PODER

A santidade pelo avesso

Já vimos que Nietzsche, seguindo e ultrapassando Schopenhauer, concebe a vida não como *vontade de viver*, mas como *vontade de poder* (ou vontade *para* o poder, como também se pode traduzir o seu conceito de *Wille zur Macht*). O desejo de poder torna-se assim princípio a partir do qual se deve entender e conceber a vida, a tal ponto que tudo, absolutamente tudo, tem de ser compreendido sob este ângulo.

Para ele, a inteligência como faculdade de conhecer é, no fim das contas, puro afã de domínio; e igualmente qualquer atividade vital é vontade de domínio, instrumento de poder. Ora, isso é afirmar o afã de poder contra toda e qualquer razão, mergulhar no irracionalismo. O poder pertence aos que o detêm por serem super-homens, sem qualquer outra justificativa, e eles o exercem por não poderem não exercê-lo. Com efeito, se não há Deus, só os fortes têm direitos.

Afirmar isso é fatal, porque significa afirmar a pura arbitrariedade: para viver a minha vida, tenho de exercer o poder, impor-me, pois se não o fizesse seria tudo aquilo que detesto: um homem-massa, um burguês anestesiado pela mediocridade, uma vítima da moral do rebanho.

Mas essa afirmação apaixonada da arbitrariedade pura, essa imposição de mim mesmo sem razão que a justifique, aonde leva? A uma terrível fatalidade: a de querer-se a si próprio e querer o próprio poder como bem supremo, inalienável e necessário, permanentemente obrigado a opor-se à vontade de poder do outro. Seguindo essa lógica (se é que se pode falar de «lógica» em Nietzsche), a vontade de poder é um absolutismo irremediável, com tudo o que isso tem de amargura e crueldade, sem disfarces que o suavizem, porque enfrentar a vontade de poder do outro para afirmar a minha significa eliminá-lo.

Ao mesmo tempo, é necessário querer essa fatalidade, e não há esperança de que as coisas sejam de outra forma. Devo afirmar totalmente, totalitariamente, o egoísmo mais radical, sob pena de que a vontade de poder do outro triunfe sobre a minha. Isso é o que deve ser assumido, mesmo que venha a ser trágico. Aliás, esse é o ideal nietzscheano: o herói trágico, cuja grandeza se manifesta na fidelidade ao destino inevitável de afirmar-se a si próprio e negar o resto.

Mas eliminar o outro, superá-lo, desprezá-lo, leva ao nada, ao niilismo como aspiração suprema — niilismo em sentido próprio, não nietzscheano, como vimos acima. «Nada» significa para o pensador a desaparição do outro na vontade de poder; o outro é nada para a minha vontade. O outro passa a ser simples objeto da minha vontade: afã de posse, violência cega, exploração econômica, emoções que eclodem caoticamente, tanto faz. A pornografia, por sinal, pode muito bem ser considerada uma manifestação aberrante e comercial desse fenômeno, e inclui um alto componente de violência que chega à patologia, como está bem demonstrado nos nossos dias.

A influência de Nietzsche na literatura é marcante. Por exemplo, os personagens das novelas de Albert Camus — um autor que volta agora a ser editado — levam a vontade de poder até às consequências de um ateísmo radical e de uma completa indiferença pelo próximo: só cada homem, e ninguém mais além dele, deve assumir o seu próprio destino, por muito absurdo que seja. Seria uma covardia irresponsável, para Camus, abrir-se para Deus, porque aceitar um Deus Pai, Redentor, amoroso e misericordioso, seria abdicar da própria humanidade. Os protagonistas de *Os justos** pensam e agem assim, aprisionados por uma «mística» revolucionária e assassina que consideram o preço da grandeza; os protagonistas solitários de *A queda***

(*) *Os justos* é um romance breve, da época da maturidade de Camus como escritor. Trata de um grupo de anarquistas radicais que planejam atentados terroristas contra o Czar. O romance é significativo porque descreve pormenorizadamente a «mística» do terror, através do assassínio e da morte, vistos como algo «justo» e necessário. Ao mesmo tempo, retrata a angústia gerada neles pela constante perseguição por parte da polícia czarista e pela certeza de que, cedo ou tarde, serão presos e condenados à morte. A «grandeza» consistiria em aceitar esse destino e conseguir matar o Czar antes de serem descobertos.

(**) *A queda* é um longo diálogo, num ambiente opressivo, em que um homem conta a sua tragédia pessoal a companheiros ocasionais no balcão de um bar. A sua originalidade consiste na total ausência de arrependimento do protagonista, que revela assim ter «assumido» o irremediável.

e *O estrangeiro** são «heróis» desolados que exaltam o absurdo desde que seja a afirmação de si próprio; também exprime isso mesmo a histérica atividade, sangrenta e sem freio, retratada em *Calígula*»**

Mas um dos romances de Camus, talvez o mais conhecido, *A peste*, contém uma intuição que Nietzsche também tinha tido: por incrível que possa parecer, é o ideal da santidade. *A peste* narra uma epidemia dessa doença numa cidade da Argélia, e a luta inglória e extenuante de médicos e enfermeiras contra a morte inevitável.

(*) *O estrangeiro* relata a prisão de um homem sem raízes nem família, condenado por ter cometido um assassínio absurdo e sem motivo, simplesmente para ver «como se sentiria após o fato». Como em *A Queda*, o arrependimento, o sofrimento alheio e a pergunta pelas causas dos próprios atos não têm a menor importância.

(**) Camus exagera e tenta justificar, nesse romance, a loucura do Imperador Calígula, cuja sede de experimentar o próprio poder o leva aos excessos mais absurdos.

Rodeados de cadáveres e de doentes que agonizam, sem conseguirem conter o fluxo de novos doentes que chegam constantemente e prevendo o contágio, perguntam-se pelo sentido daquela situação absurda. Um dos médicos, Tarroux, diz:

— «O meu ideal, caso isso seja possível, é ser santo sem Deus».

Ou seja, entender a plenitude humana como algo que está para além das próprias capacidades, sem causa, sem razão e sem finalidade. Tocamos aqui um ponto crucial, intuído de alguma forma por qualquer mente profunda (e Nietzsche e Camus o intuíram e desejaram, embora às avessas): o ideal de santidade é a meta suprema do homem, de todo o homem.

A vontade de poder, porém, mergulha o outro no nada (única forma de afirmar-se), e assim encerra-se dentro de si mesma. Isso é gravíssimo porque, como vimos, significa a morte do poder de amar: a vontade de poder é a impotência amorosa pura*, e exatamente por isso representa o fracasso da vontade. E, fracassada a vontade como capacidade de amar o bem, como desejo do bem, a santidade é impossível.

A vontade de poder é, pois, a impossibilidade da santidade, que é entendida pelo avesso: ao invés de ser a entrega total a um Deus amado *com todo o coração, com toda a alma, com todas as forças e com todo o entendimento* (cf. Lc 10, 27), é a afirmação exclusiva do «eu» — ou seja, a solidão, o absurdo, o caos e o sem-sentido, realidades que, segundo o nosso filósofo, o homem deveria aceitar se quiser respeitar-se a si próprio.

(*) Cf. Leonardo Polo, *Presente y futuro del hombre*, Rialp, Madri, 1993, pp. 77ss.

A razão inútil, a vontade «light» e os afetos desconexos

Traumatizados como estamos por guerras mundiais, atentados e homens-bomba (mascarados de «luta contra o eixo do mal», «instauração de uma nova ordem», «libertação dos oprimidos», etc., etc., etc.), sabemos muito bem aonde conduz essa «santidade às avessas» de Nietzsche, quando posta em prática até às últimas consequências.

Mas se o pensamento de Nietzsche era contraditório, a sua aplicação e as suas repercussões não o são menos. Apesar de alguns poucos aplicarem com pleno radicalismo o seu «compromisso absoluto com a vida», certamente não se pode dizer que esse aspecto do seu pensamento esteja em moda: até o termo «compromisso» é execrado pelo comum dos homens de hoje, tão mergulhados estamos no paradoxo do relativismo absoluto (paradoxo, porque o próprio relativismo deveria ser relativo, pois não?).

Podemos dizer que a vontade de poder assume hoje, na maioria dos casos, uma coloração suave, «sem radicalismos» (não nos enganemos, porém; por trás da superfície amena, continua a palpitar um egoísmo tão feroz e disposto a ir às últimas consequências como o dos homens-bomba, embora não esteja disposto a fazer sacrifícios pessoais). Trata-se de uma vontade de poder *light* que poderia enunciar-se assim: se a vontade fracassou (porque um compromisso absoluto não é mais possível, nem sequer *politicamente correto* — demonstram-no a crise profunda da estabilidade matrimonial, a falta de coerência religiosa, política, profissional e social, etc.), fica reduzida a uma vontade pragmática, capaz apenas de empenhar-se em conseguir resultados práticos.

Ou seja, exclui-se do horizonte tudo o que seja «grande» e «sublime», tudo o que ultrapassa o indivíduo; devo absorver-me numa vontade que consiga resolver os meus problemas cotidianos, uma vontade «instrumental» ou «gerencial» (o mesmo ocorre com a razão, reduzida a «decidir» que programas de *software* devo usar, se faço os pagamentos com cartão de crédito ou não, se está na hora de comprar um apartamento, de consultar o médico, como devo pagar os impostos ou organizar as férias).

É o retrato da geração *Think Pink* que a jovem escritora francesa Lolita Pille traça impiedosamente, mas com um dar de ombros («O mundo real é pequeno, o meu também»): «Hoje fui fazer a ronda das butiques. Comprei dois jeans Cavalli, leggins na Colisée de Sacha e um paletó Barbara Bui, mais toda a vitrine da Paul and Joe, uma calça Joseph, um par de sapatos Prada e, na Dior, uma vigésima bolsa, a carteira combinando e óculos tipo ray-ban; até comprei pochete Fendi monogramada que nunca vou usar; a não ser aos domingos para ir ao cinema.

«Esta noite tenho quatro jantares: um é beneficente para ajudar uma associação de caridade no Les Bains, o tipo de noite em que a gente usa um longo de quatro zeros, se entope de comida em paz com a consciência, uma vez que a nossa presença significa que pagamos 500 paus o lugar, que graças a essa grana trinta criancinhas africanas estão salvas. Mas não vou a esse jantar, o Les Bains é muito longe.

«De fato, tenho quatro jantares, mas todos eles são mais ou menos um saco de ir, de forma que não sei o que fazer: estou com vontade de ir ao Market, o novo ponto de Jean-Georges, mas deu-me vontade também de comer uns sushis, porém não no Nobu, e quero beber doses de vodca com malabar rosa, que só são preparadas no Zo e no Bindi, e por que não um frango com coca-cola? Além do mais, se ouço um criado dizer «está saindo» em vez de «imediatamente», e se leio num cardápio a palavra «toque» («com um toque de caldo de cenoura feito na hora», ou «um toque de parmesão»), sou capaz de cometer um assassinato»*.

Por outro lado, como mostra magistralmente Leonardo Polo**, o abuso da tecnologia de certo modo inibe a vontade, porque, para dizê-lo informalmente, passar a vida clicando em ícones e falando pelo celular acaba deixando a vontade sem exercício suficiente.

O que resta de mim, se a razão raciocinante me quadricula e a vontade não resolve nada? Restam apenas os afetos: sensações, agrados, desagrados, sentimentos. Mas é uma afetividade também isolada, não integrada com o entendimento nem com a vontade, revirada sobre si mesma e incapaz de voltar-se para o bem alheio. Como era de supor — e se comprova! —, uma afetividade assim

---

(*) Lolita Pille, *Hell Paris 75016*, Intrínseca, Rio de Janeiro, 2003; cit. em *O Estado de São Paulo*, 13.12.2003, p. D3.

(**) Cf. Leonardo Polo, *op. cit.*, pp. 77 e segs.

descontente, ferida, traumatizada (hoje chamada de «carente»), acaba enchendo as salas de consulta dos psiquiatras. Muitos problemas afetivos, desvios emocionais, inseguranças profissionais e sociais, etc., têm essa origem. Já dissera Adler, também influenciado por Nietzsche, que as neuroses têm fundo metafísico.

A vida bucólica e a vida «turbo»

Mas o fenômeno não se detém aí. A afetividade ferida leva a duas atitudes que poderíamos designar por *vida bucólica* e *vida turbo**.

Contra a tecnificação progressiva e o estado de tensão perpétua da vida profissional, nasce a nostalgia de um «estado natural» e bucólico: imagina-se um paraíso à maneira de Rousseau, sem golpes

---

(*) Cf. *ibid.*, pp. 80ss.

nem choques, equilibrado, perfeito. Sem negar o grande valor positivo de muitos movimentos ecologistas, é evidente também que outros «ecologismos» (ainda há resíduos dos *hippies*) constituem a rejeição de uma tecnologia despersonalizante e a expressão de uma afetividade que procura «aconchego» e normalidade, como que uma volta à segurança perdida através da simplicidade e da beleza da vida «natural», sem «técnicas», sem «química»: quanto mais simples, melhor. Exemplos, e ao mesmo tempo extremos disso, são o devotado e emotivo amor que alguns têm pelos seus animais de estimação (trocados pelo cônjuge e pelos filhos) ou pelas plantas do seu jardim, quando não preferem viver na solidão, fartos já de atritos com outras afetividades igualmente doentes.

Num extremo oposto, espalha-se velozmente o que podemos chamar a «vida turbo». Para defender-se dos automatismos tecnificados e da ferocidade da concorrência, da competitividade e do mercantilismo agressivo, a afetividade entra em ritmo frenético, numa verdadeira «restauração» de Dionísio, o deus grego que exalta o amor à vida e os instintos desregrados, e que o próprio Nietzsche, ferozmente oposto a Cristo, ergue como afirmação da vida. Busca-se o excesso, pretende-se experimentar sensações — emoções radicais — que se ultrapassem a si próprias numa espiral de intensidade crescente, através de festas frequentes (o que, diga-se de passagem, elimina o sentido próprio da festa), bebida e comida em quantidades absurdas, violência cega de tantas gangues de rua entendida como pura energia e ativismo sem freio, emoções fortes (esportes radicais e algumas vezes absurdos), etc.

Mas a afetividade assim exigida, «turbinada», termina em exaustão. E a exaustão deve ser superada com energias supletivas: açaí na tigela, *Red Bull*, «bombas», vitaminas, Viagra, procedimentos para devolver algo de energia a uma afetividade esgotada na mesma medida em que se abusa dela. Não é difícil, e está ao alcance de quem tiver olhos, perceber o que resta do pretenso super-homem quando tenciona afirmar-se a si próprio sempre e sem medida. É a história do jovem no terraço que apostou com um passarinho que chegaria antes do que ele ao chão: mergulhou de cabeça, morreu e achou que tinha ganho a aposta.

«Estais dispostos a prescindir da santidade?»

O próprio Nietzsche faz essa pergunta, ciente do que significa enquanto desejo de excelência. Mas o ideal do homem como perpétuo criador de si próprio representa uma ficção. Nietzsche quis acalmar a sua sede de infinito no finito, e alargou o finito até quebrá-lo. O seu afã de autenticidade, tão radical, levou-o a revoltar-se ferozmente contra tudo o que, a seu juízo, significasse limites ou condicionamentos, numa luta sem tréguas contra a mediocridade e a satisfação burguesa que anestesia a excelência. Mas ficou no vazio, o vazio absoluto de afirmar a vida como tendo sentido em si mesma, o que é contraditório, porque todos experimentamos que a nossa vida não nos pertence de forma absoluta, pois é um *dom*.

Muitos homens percebem esse vazio com clareza; como se negam a admitir Deus e qualquer coisa de transcendente, e como o único «compromisso absoluto» que admitem é o de cada qual consigo próprio, a aventura de existir torna-se para eles a lide com uma perpétua perplexidade. Os homens não se entendem a si mesmos nem entre si — pensam —; cada qual está encerrado no seu subjetivismo, e portanto não vale a pena levar nada «demasiado a sério»; só resta o compromisso mínimo, «a insustentável leveza de ser», a vida como sucessão de episódios sem nexo nem importância: o *pensamento débil*.

Esse *pensamento débil* reflete-se, muito concretamente, em atitudes saltitantes: em trocas contínuas de namorado/a, de dietas para emagrecer, de objetivos profissionais; em viagens, bebidas e festas; em livros de autoajuda. E sempre no horror por qualquer coisa que esteja um pouquinho acima de uma vida tão *débil*.

Um paradigma recente dessa desolação, em versão engraçada, é *O diário de Bridget Jones*, um livro que relata agilmente as cambalhotas morais de uma londrina solteira na faixa dos trinta, firmemente apoiada no vazio, e que resolve os seus fracassos com uma piada para passar simpaticamente ao seguinte. Um trecho: «O envolvimento com Mark, depois da bebedeira de ambos, não deu em nada. Mark é bobo e prepotente, e ainda por cima disse que eu sou «engraçadinha». Arrggh!, a maldita balança acusa-me de engordar mais um quilo! Fumei 46 cigarros. Dei cabo de todos os *marshmallows* que encontrei na geladeira.

Preciso do consolo de Herbert»... E não há nada mais.

O filme *Aprile*, do diretor Nanni Moretti, oferece-nos a sensibilidade italiana para o mesmo fenômeno e esconde-se menos na piada: *um free-lancer* da televisão aceita com a mesma resignação passiva os percalços do trabalho, o nascimento da primeira filha, uma festa de aniversário, a desfeita de um amigo, as eleições políticas e o avanço inexorável dos anos. Não se procuram explicações mais altas, permanentes, porque tirariam a liberdade.

O pensamento débil, a *vida light*, é o oposto da vontade de poder, e uma manifestação clara da renúncia à excelência.

Do super-homem ao Deus-homem

Se o super-homem fica atolado no pântano da solidão, do fracasso e da redução ao mínimo, por não passar de uma ficção, a santidade, em contrapartida, é real.

A santidade como procura da excelência de vida é tão real e concreta que está *encarnada* em Cristo, porque a fé cristã (a verdadeira, não a que Nietzsche conheceu) ensina que Deus, muito melhor que o super-homem, longe de desaparecer do horizonte humano, aproxima-se dos homens até ao ponto inacreditável de assumir plenamente a vida humana num Homem. A fé de Nietzsche no super-homem é superada de longe pela fé no Deus-Homem.

A Encarnação de Deus significa muito; melhor dizendo, significa tudo. Significa que o mundo não é um caos chamado a repetir-se continuamente, sem esperança nem desespero para o comum dos mortais, como o nosso pensador pretendeu, e no qual só o delirante super-homem tem direitos; significa abraçar um mistério que não é apenas plausível, mas a única realidade que nos explica a nós mesmos. A grandeza humana não consiste em assumir o caos de onde viemos, o caos que somos e o caos para onde vamos, até porque isso não é nenhum mistério, mas um absurdo demencial. A grandeza humana está em aceitar outro Mistério, que não é absurdo, mas grandioso: o Mistério do amor de Deus pelas suas criaturas.

Precisamente neste ponto encontramos o sentido mais profundo da revolta de Nietzsche: ele recusa-se a aceitar a condição de criatura (como se ser criatura fosse um ato criador arbitrário por parte de Deus, e não um ato de amor misericordioso com o qual Ele nos chama à felicidade e à plenitude da vida, à santidade) e opta por «criar-se» a si próprio, sem outro título senão a decisão subjetiva da sua própria consciência. Dessa cambalhota metafísica nascem o super-homem e a vontade de poder como ideal de vida e, em coerentes cambalhotas sucessivas, o mundo como eterno retorno sem-sentido (não existe o ideal de progresso, dirá Nietzsche: tudo volta a ser exatamente a mesma coisa, «até esta teia de aranha que contemplo diante de mim») e a constante transmutação de todos os valores existentes, única condição para o advento do homem novo.

Mas o homem novo que Nietzsche admirava já fora infinitamente superado por São Paulo num dos melhores hinos à grandeza humana jamais escrito:

Bendito seja Deus, Pai de nosso Senhor Jesus Cristo,

que do alto dos céus nos abençoou com toda a bênção espiritual em Cristo

e nos escolheu antes da criação do mundo,

para sermos santos e irrepreensíveis aos seus olhos.

No seu amor, predestinou-nos

para sermos adotados como filhos seus em Jesus Cristo,

segundo o beneplácito da sua livre vontade [...].

Nesse Filho, pelo seu Sangue, temos a Redenção, a remissão dos pecados,
segundo as riquezas da sua graça
que derramou profusamente sobre nós,
em torrentes de sabedoria e prudência [...].
Assim, renovai sem cessar o sentimento da vossa alma
e revesti-vos do homem novo, criado à imagem de Deus
em justiça e santidade verdadeiras.

(Ef 1, 3-5.7-8-4, 23-24)

A vida como vontade de poder é transmutada por uma outra concepção, transcendente e não imanente: a vida como vontade redentora, como tarefa de restaurar todas as coisas em Cristo e de deixar-se restaurar por Ele, como santificação de todas as realidades, fazendo delas ocasião de amor e de serviço.

O radicalismo aristocrático de Nietzsche é amplamente superado quando se entende a vida no mundo como tarefa santificadora, como continuação da missão de Cristo*.

O que Nietzsche considera impossível — a harmonia e reconciliação entre as coisas criadas — é possível. Mais ainda, já foi feito pela obra redentora de Cristo, e toca a cada homem torná-lo realidade no tempo que lhe corresponde viver. «Vejo todos os acontecimentos da vida — os de cada existência individual e, de algum modo, os das grandes encruzilhadas da História — como outras tantas chamadas

---

(*) *Aprouve a Deus fazer habitar nEle toda a sua plenitude e por seu intermédio reconciliar consigo todas as criaturas através daquele que, ao preço do próprio sangue na cruz, devolveu a paz a tudo quanto existe na terra e nos céus. Há bem pouco tempo, se éreis alheios a Deus e inimigos pelos vossos pensamentos e obras más, eis que agora ele vos reconciliou pela morte do seu corpo humano, para que vos possais apresentar santos, imaculados, irrepreensíveis aos olhos do Pai* (Cl 1, 19-22).

que Deus dirige aos homens para que encarem de frente a verdade; e como ocasiões que se oferecem aos cristãos para que anunciem com as suas próprias obras e palavras, ajudados pela graça, o Espírito a que pertencem (cf. Lc 9, 55). Cada geração de cristãos tem que redimir e santificar o seu próprio tempo»*.

Grandiosa tarefa, na verdade, que muito bem pode canalizar todas as energias do coração humano, e confere um modo característico de olhar o mundo: já não é mais território de disputas de poder, nem de neurótica afirmação de si próprio, nem entorno hostil onde cada um se defende da melhor forma possível; é herança**, ambiente onde Deus se encarnou, trabalhou, falou, amou, sofreu e morreu, elevando com isso o trabalho, as

---

(*) Josemaria Escrivá, *É Cristo que passa*, Quadrante, São Paulo, 2014, n. 132.

(**) *Pede-me, e dar-te-ei as nações por herança* (Sl 2, 7).

palavras, o amor, o sofrimento e a morte dos homens.

O Deus-Homem, o Deus que se fez plenamente humano, é garantia de que a nossa vida, também plenamente humana, pode ser divina. Aspirar à santidade não significa nenhuma «segregação» das realidades humanas, mas a plena «imersão» delas em Cristo. Um modo belíssimo de ilustrá-lo encontra-se numas palavras de São Josemaria Escrivá, pronunciadas em 1967 perante trinta mil pessoas de vários países:

«A vida corrente é o verdadeiro *lugar* da existência cristã. [...] Aí onde estão os nossos irmãos, os homens, aí onde estão as nossas aspirações, o nosso trabalho, os nossos amores, aí está o lugar do nosso encontro cotidiano com Cristo. É no meio das coisas mais materiais da terra que nós devemos santificar-nos, servindo a Deus e a todos os homens [...]. Deveis compreender agora — com uma nova clareza — que Deus vos chama a servi-lo *em* e *a partir* das tarefas civis, materiais, seculares da vida humana. Deus nos espera cada dia: no laboratório, na sala de operações de um hospital, no quartel, na cátedra universitária, na fábrica, na oficina, no campo, no seio do lar e em todo o imenso panorama do trabalho. Não o esqueçais nunca: há *algo* de santo, de divino, escondido nas situações mais comuns, algo que compete a cada um de nós descobrir»*.

A santidade é, pois, o pressuposto da ação no mundo, apaixonadamente amado e, por isso mesmo, delicadamente respeitado. O amor à vida, que Nietzsche tanto proclamava, está em afirmar, com absoluta convicção, o valor da colaboração humana (*colaborare*, «trabalhar com») na ação divina continuamente redentora. Liberdade do homem e liberdade de Deus; altíssima dignidade humana e Providência divina,

---

(*) Josemaria Escrivá, *Entrevistas com Mons. Josemaria Escrivá*, Quadrante, São Paulo, 2016, p. 230.

numa união amorosa tão intensa e verdadeira que amar o mundo é expressão de amor a Deus, e amar a Deus é levar este mundo para Ele.

PARA ALÉM DO TREMENDISMO

O tremendismo de Nietzsche tem a sua explicação e o seu valor. Tem explicação porque, como já está demonstrado por teorias e por fatos, servir-se da filosofia da imanência para conhecer e entender este mundo («as coisas são como eu as penso e decido que sejam»; «a verdade é criada pelo meu pensamento»; «a moral é o que eu decido») leva a uma tremenda cegueira: a erguer a própria subjetividade como critério máximo da verdade. E tem o seu valor, porque o nosso autor sente agudamente a miséria humana e prognostica com grande clarividência algumas das suas consequências. Em Nietzsche está fortemente presente o mistério do sofrimento humano, embora não aceito nem elevado.

Para irmos além desse tremendismo (mas de forma alguma «além do bem e do mal»), precisamos voltar a pôr de pé alguns conceitos que Nietzsche pretendeu derrubar*.

O relativismo cultural e o valor da verdade

Muitos autores estão de acordo em que a raiz do relativismo cultural hoje dominante está no esquecimento (ou abandono) do conceito filosófico de *natureza humana*, e com ele da visão do homem como ser chamado a um destino que o transcende. Se não temos natureza comum, se não há princípios que nos constituem como

---

(*) Para as ideias que seguem, cf. Alejandro Llano, *El diablo es conservador*, EUNSA, Pamplona, 2002, pp. 52-67.

pessoas, se não há raízes, o homem passa a ser uma pura subjetividade sem determinações, um *eu* sem outras características senão fazer-se a si próprio, *realizar-se* de modo individualista, em concorrência constante com muitos outros *eus* igualmente desnaturados.

Levando as coisas ao extremo (um extremo muito presente em tantos comportamentos), o *outro* então já não é mais *próximo*, alguém solidário comigo pela mesma natureza, que me enriquece e ao qual posso enriquecer, mas um objeto ou animal incompreensível e estranho, muitas vezes um obstáculo indesejável para *mim*, outras mero degrau e fonte de conforto para *mim*, e em qualquer caso, *descartável*. Não foi à toa que o niilismo nietzscheano de Sartre criou a famosa frase «o inferno são os outros».

Mandar para a lixeira o conceito filosófico de uma natureza comum a todos os homens significa, em termos práticos, virar ao avesso os parâmetros da convivência humana: a chave para nos relacionarmos com os outros não é mais a *amizade* (em sentido clássico e cristão), mas o *antagonismo*, e, de uma forma mais suave e habitual, o *comércio*.

O comércio não tem pátria nem desejos de aprimoramento. Consiste numa combinação anônima de iniciativas cujo único propósito é melhorar as condições materiais da *vida para mim*. O comércio não procura o *bem viver* dos clássicos e dos cristãos, mas o *sobreviver* da forma mais prazerosa possível.

Clama-se hoje por solidariedade, e esse clamor muitas vezes é sincero, mas não parece haver muita disposição de abandonar, em favor dessa solidariedade, o conforto e o culto ao *eu* que faz parte da essência da vida de muitos. O esquecimento da natureza humana, que apesar do empenho por negá-la continua a ser a nossa maneira fundamental de ser, a nossa essência, traz consigo um total desconjuntamento da vida pessoal e social. E prova disso é a perda de substância moral característica das sociedades atuais, nas quais começa a ser problemático justamente o que mais se pretendia: *sobreviver* com um mínimo de dignidade.

Não sendo possível a unidade, por não existir uma natureza comum, somos obrigados a *tolerar-nos* uns aos outros. E aqui brota o conceito mais *up* destes últimos tempos: a *tolerância*. Mas trata-se de uma «tolerância» muito particular: longe de qualquer pretensão de superioridade ou de exclusivismo, cada cultura ou religião deve considerar-se a si própria como mais uma entre outras. O contrário seria «dogmatismo» ou «fanatismo» (hoje chamado *fundamentalismo*), a única realidade que a tolerância não deve tolerar.

Uma tal visão da realidade abre passagem a um conceito de ética *light*, alheia já às raízes de fundo que os clássicos estudaram. Como não se admite uma natureza (com exceção da que é representada pelo «verde») e, portanto, tampouco se admite que haja realidades *conforme a natureza* e *contra a natureza* (exceção honrosa feita aos santuários ecológicos, às espécies animais em extinção ou às ervas medicinais, destinatários de um curioso culto de reverência que tantos negam a Deus), a ética torna-se exclusivamente funcional e objeto de infindáveis discussões e debates sobre «regras» à procura de um consenso: em última análise, uma moral do bom funcionamento, uma questão de proceder conforme as necessidades ou as conveniências — respeitar os sinais de trânsito, não fumar em lugar algum e não berrar de madrugada. Todo o resto deve «tolerar-se» como pertencente ao campo das livres opções porque, como dizia recentemente um professor da Universidade a uma aluna, «não há verdade, há versões». Dessa forma, cada um «acha» uma coisa, diversa do que «acha» o vizinho e contrária ao que «acha» o outro vizinho, e assim por diante. O que importa é a «tolerância», magnificada pelo *sacrossanto* adjetivo que, muito frequentemente, carrega junto: «democrática»*.

Alguns documentos pontifícios recentes, especialmente as Encíclicas *Veritatis splendor* e *Fides et ratio*, afirmam que a doença mais grave da nossa época é *a falta de um pensamento à altura dos tempos e da condição humana.* É o paradoxo de uma bagagem conceitual que perdeu a sua finalidade própria: a orientação da vida para a verdade como aperfeiçoamento último do homem. A visão de Nietzsche, o tratamento terrorista que dispensa à verdade — cujos frutos todos estamos experimentando —, faz sentir fortemente a necessidade de redescobrir a enorme força da *verdade*, o seu interesse absoluto e o seu valor inalienável, porque a verdade não admite substitutivos.

(*) O «achismo» relativista situa no mesmo padrão de tolerância beata alguns comportamentos divulgados pela mídia: «eu gosto muito do casamento e da família: já casei seis vezes»; e «quanto mais heterossexual, melhor; sobretudo, hetero».

Matéria e espírito

Um segundo conceito que convém esclarecer, porque Nietzsche o implode, é o da harmonia entre espírito e matéria. O materialismo atual já não é o materialismo grosseiro, mecanicista, do século passado, em boa parte porque este perdeu todas e cada uma das batalhas que travou. Trata-se de um materialismo mais silencioso e mais difuso, mas mais estendido, porque a enorme ignorância social que resultou da renúncia à verdade insiste em querer ver o mundo como uma grande máquina e o nosso cérebro como um potentíssimo computador que, mais dia menos dia, conseguiremos controlar totalmente. O «sentido do espiritual» está enevoado e a nossa visão do mundo ainda é «mecânica».

O materialismo da nossa época é sobretudo um *corporalismo*, um culto prático ao corpo de crescente sofisticação, e não só pela variedade de técnicas de aprimoramento corporal (vejam-se as abarrotadas academias de ginástica, que recordam laboratórios da NASA), mas também porque toda a vida das pessoas — até daquelas que se consideram cristãs e católicas — gira em torno da culinária (que frequenta nada menos que os cadernos de «cultura» (!) dos jornais), do lazer, do conforto. As atividades e qualidades propriamente espirituais — a cultura propriamente dita e o estudo, o amor à beleza e a arte, a adoração de Deus e o culto —, tudo isso simplesmente desapareceu do horizonte das pessoas, como se nunca tivesse existido. Até as «religiões» de moda, como a *New Age*, a ioga, a meditação transcendental e outros orientalismos, pouco mais são do que «técnicas» para obter um bem-estar corporal e mental.

O panorama não poderia ser diferente porque, quando se perde a vida do espírito, não resta outro remédio senão tentar «espiritualizar» a matéria, aplicando ao corpo aquelas características do espírito que, queiramos ou não, sempre estão aí, mas que não se tem a menor ideia de onde «colocar». Alguns filmes recentes sobre previsão do futuro, volta ao passado (como dizia um cínico bastante lúcido, «o passado é o que mais seguramente se pode prever»...) e intuições inexplicáveis são o extremo (um tanto ridículo na sua pretensão de seriedade) dessa situação, para não falar de outros que, sob uma esplêndida filmagem de cenas de artes marciais, conferem ao corpo humano uma sutileza e uma velocidade muito «espirituais».

Mais uma manifestação do nosso «materialismo envergonhado» é a «revolução sexual», produto das ideias de 1968 e das técnicas anti-concepcionais. Sempre houve dissolução moral no terreno da sexualidade, mas o fenômeno totalmente novo é o *permissivismo* completo, até chegar à glorificação do sexo e à normalização social das perversões sexuais, incluindo o delírio legislativo de reconhecer o *status* de «família» à união de pessoas do mesmo sexo e de permitir-lhes a adoção de crianças.

A banalização da experiência sexual, desligada da doação fiel e sincera, leva a confundir tristemente o amor com o «gosto», de maneira que a relação interpessoal, fonte de riqueza e de amadurecimento, fica empobrecida e se torna descartável. A relação sexual, que sempre deve ser pessoal, torna-se mero acasalamento. O matrimônio já não faz sentido algum: assumir compromissos de fidelidade é algo «estranho» e responsabilizar-se pela construção de um lar parece uma aventura demencial. Os filhos são um «problemão», um obstáculo; algo descabido, lesivo para o *eu*, pois tiram a liberdade. Afinal, para um super-homem, o uso da capacidade sexual é uma expressão do instinto de domínio sobre o mais fraco, e mais nada. Além do mais, os filhos são caros.

O modo de consumir é outro dos grandes temas culturais, derivado da primazia da matéria que, para Nietzsche, é o componente fundamental da vida («Eu sou por inteiro corpo e mais nada», escreve ele; e uma equipe integrada por Freud, Marcuse, Reich e Fromm — seguidos a curta distância por um pequeno exército de diretores de cinema e de séries de TV —, assinam em baixo).

Certamente é preciso consumir porque, caso contrário, morremos ou mal--vivemos. Mas a estratégia mortal, presente em toda a parte, é fazer do consumo o núcleo da vida. É verdade que Nietzsche nunca disse isso, nem poderia fazê-lo na época em que viveu, mas a veneração entusiástica que nutria pelo que entendia ser «a força da matéria» incentiva esse comportamento, também ele expressão de «domínio» e de «amor à vida». O próprio fato de os consumistas não passarem, numericamente, de um pequeno grupo que vive nos países mais industrializados, em comparação com as massas crescentes das nações subdesenvolvidas em condições materiais deploráveis, é uma manifestação do que Nietzsche entendia como o «triunfo do super-homem».

A voracidade com que se consome, a oferta incessante de uma enorme variedade de produtos, a pressa histérica em usar-jogar fora-substituir, e de novo usar-jogar fora-substituir, é sem dúvida, na sua triste mesquinhez, uma versão irônica, mas muito real, da doutrina do «eterno retorno». O perpétuo ciclo da matéria e dos fenômenos, tão romanticamente «descoberto» por Nietzsche enquanto passeava à beira de um belo lago suíço, acabou por transformar-se no eterno retorno ao *shopping center*...

Nota-se em bastantes ambientes, felizmente, um desejo de sobriedade, uma volta à elegância e ao autodomínio que supere os excessos histéricos do sexismo, do cartão de crédito e do celular-apêndice. No fundo, é a saudade do *verdadeiro* amor pelo mundo e pela terra, o reconhecimento da sabedoria e da verdade encerrados em tantas exortações evangélicas à temperança. Só sabemos usar bem a matéria quando não nos submetemos a ela. E só então, como Cristo, que é Deus e é Homem, respeitamos a sua dignidade e nos dignificamos com ela.

A compreensão da religião

Se entendemos o mundo material como limite do homem, isso quer dizer — ainda que possa parecer paradoxal — que estamos perante um ser cuja constituição mais profunda é transcendente, porque, como assinalou Wittgenstein, detectar uma fronteira implica que podemos ir além dela. E isso quer dizer também duas coisas muito importantes: que a História é aberta, ou seja, depende em boa medida do reto uso da liberdade humana; e que a espécie humana possui uma índole religiosa.

Essa índole continua de pé, e bem erguida, apesar dos ataques sofridos desde o século XVIII, que se repetem desde então (aliás tediosamente iguais, sem tirar nem pôr, num «eterno retorno»...): morte das religiões, morte do cristianismo, morte de Deus. A imensa maioria desses ataques tem uma raiz diversificada: a manipulação dos dados históricos passados, uma ingênua arbitrariedade na predição do futuro e uma grande dificuldade em sintonizar intelectualmente com o conceito de religião.

Na Declaração *Dominus Iesus*, publicada no ano 2000, a Santa Sé encara com profundidade a causa principal da fraqueza de pensamento moderno: o esvaziamento de qualquer referência metafísica no discurso científico e cultural (a essência do homem e do universo está além da mera estrutura material), de forma que tudo vem a ser uma e a mesma coisa e nenhuma proposta pode aspirar à verdade completa, pois seria *fundamentalismo*.

A questão é que, se o homem pode transcender a pura e cega matéria, a religião é a porta para a transcendência. E para um cristão, a compreensão da religião não pode ficar nunca separada da questão da religião verdadeira. Quando a História é estudada com amor pela verdade, percebe-se que o cristianismo nascente não se auto enquadrou no «mundo das religiões» existentes na época, mas defrontou-se com o pensamento greco-romano reivindicando para si o valor de *filosofia verdadeira*. O cristianismo não nasceu como *uma* religião, mas como *a* religião revelada por Deus em seu Filho Jesus Cristo, pela ação do Espírito Santo, e aberta a absolutamente todos os homens: *católico* quer dizer *universal*; não há elites, nem *iniciados*, nem *escolhidos*, nem *super-homens*.

Isto significa, nem mais nem menos, que o cristianismo é a culminação dos autênticos anseios religiosos espalhados pela imensa variedade das confissões e mentalidades, todas elas dignas de respeito quando são sinceras (Faço a ressalva «quando são sinceras» para excluir expressamente os hipócritas: o próprio Cristo não guardou nenhum protocolo para com os mercadores do Templo). Seria absurdo e infantil pensar aqui numa espécie de *ranking* de religiões, mais ou menos como um concurso de orquídeas. A questão é a da Verdade revelada pelo próprio Deus e dos aspectos parciais e fragmentários dessa mesma Verdade que encontramos nos anseios humanos de transcendência.

Começa-se, pois, a compreender a religião quando se aceita a abertura para a transcendência, uma dimensão que é própria apenas da *pessoa*. Se Deus é Pessoa e eu sou pessoa, podemos comunicar-nos, entender-nos, amar-nos. E a comunicação do Deus pessoal à pessoa humana é, precisamente, a sua *Revelação*. Chegados a este ponto, entra em jogo a fé, capacidade que todos temos, ao menos se a entendermos como «confiança no testemunho de outro». Há uma fé humana, que é a adesão livre ao que dizem pessoas dignas de confiança, e uma fé divina, que é a adesão livre ao que Deus diz.

A religião verdadeira começa pela adesão livre à Revelação verdadeira, e nada deveria interessar-nos mais do que isso. É claro que o esclarecimento a fundo desta questão requer do cristianismo um enraizamento filosófico e um tratamento teológico, como propugna João Paulo II na Encíclica *Fides et ratio*, com a ajuda das Ciências Humanas seriamente constituídas. Mas também não há dúvida de que a religião é, antes de mais nada, vida, e a vida não é oposta ao pensamento, ou melhor, ao espírito.

Sabemos bem que a «neutralidade» em matéria de religião («todas as religiões levam a Deus», agnosticismo *pero no mucho*, religião «sob medida», ética sem Deus) não abre porta alguma, antes obtura o pensamento e a conduta. Observamos hoje como a religião ganha raízes no terreno pessoal e vital, e podemos verificar assim que a sua prática leva a uma compreensão mais profunda e mais viva não só de Deus, mas de nós mesmos e de todo o mundo criado. Santo Agostinho, com a autoridade de quem o tinha experimentado bem, clamava: *Credo, ut intelligam* («creio para entender»); de forma paralela, a muitos homens que querem compreender a religião poder-se-ia dizer: «pratique para crer». Porque há uma sabedoria que só se adquire com a vivência.

A prática da religião, com a sua exigente persistência, ultrapassa de longe o labirinto conceitual de algumas especulações acadêmicas. Nela se aprende de modo inesquecível (porque se *saboreia* pessoalmente — *sapere, sabedoria*) o valor e a beleza das virtudes desprezadas por Nietzsche: quem experimenta a liberdade do *desprendimento* está muito acima do materialismo compulsivo e de forma alguma deseja cair nas suas redes; quem capta o alcance da *humildade*, que abre a alma à imensa grandeza de Deus, enxerga muito melhor a terrível miopia do orgulho; quem obedece livremente não é «rebanho», mas instrumento direto da Vontade de um Deus que é ao mesmo tempo Pai amoroso. A *castidade* é um triunfo sobre os instintos mais primitivos e não «reprime» coisa alguma: tem por fim as condições necessárias para um amor fiel. Da mesma forma, a *mansidão* revela-se muito mais forte do que a cólera explosiva; a *misericórdia*, longe de ser moleza piegas, exige uma boa dose de autodomínio para ultrapassar o ressentimento; a *magnanimidade*, filha da fé, lança fora o apoucamento dos que em tudo veem dificuldades e problemas. A prática das virtudes de Cristo é precisamente o caminho para *superar* a mentalidade do rebanho.

Quem é, pois, mais homem? O *super-homem*, ansioso por um poder que não tem outra justificativa senão o seu próprio arbítrio, ou Cristo, que se oferece voluntariamente à morte em resgate de uma humanidade entediada? «As virtudes que devem caracterizar os discípulos de Cristo serão «vontades de fraqueza»? Não serão, pelo contrário, «vontades de grandeza», que nos obrigam a olhar mais alto, a defrontar todos os perigos e a arriscar toda a nossa coragem?»*

(*) Georges Chevrot, *O Sermão da Montanha*, Quadrante, São Paulo, 1988, pp. 27-28.

EPÍLOGO E VERSOS

Um estudo sobre Nietzsche, nos tempos atuais, mesmo breve, é altamente provocativo. Algumas das questões que aborda são perenes e interessam a todos os homens, porque podem vincar, por contraste, o verdadeiro perfil do homem de fé: infinitamente superior ao super-homem, o único capaz de realizar-se no pleno sentido da palavra, porque, elevado pela graça à condição de filho de Deus, pode, com a ajuda dessa graça, *ser outro Cristo, o próprio Cristo, um novo Cristo*; numa palavra, *endeusar-se*.

Nietzsche, certamente, não era mesquinho nem apoucado, e nesse sentido opõe-se energicamente ao marcado cinismo e apatia provocados pelo materialismo bovino reinante. Mas, mais que por esse espírito de denúncia — em nome de uma liberdade de espírito que está na origem, como acabamos de ver, de muitos dos grilhões que sufocam a sociedade —, Nietzsche pode ser recordado pela sua intuição da santidade, embora na sua loucura a proclamasse pelo avesso. A santidade, que para ele era a grandeza do super-homem, está em outro lugar, tem outras fontes de inspiração, outros parâmetros e outro campo em que realizar-se: aí mesmo onde cada um se encontra, na vida aparentemente monótona e sem brilho da faina diária.

Por isso, estas páginas talvez possam concluir-se com uns versos de um poeta chileno — Nietzsche também era poeta — que são uma afirmação convicta de confiança na capacidade humana de amar a vida nos afazeres diários e de colaborar, através deles, com Deus para a realização da sua obra: que os homens de todas as gerações, superdotados ou humildes, sejam um só Cristo, perfeito Deus e perfeito Homem. Diz, então, esse poeta, José Miguel Ibánez-Langlois:

Cidadãos do mundo convocados
a ser santos por obra do batismo
oração sacramentos cruz trabalho
seu trabalho é missa interminável
seu trabalho é mística oração
seu trabalho bem feito face a Deus
é Cristo nas entranhas da terra
no fundo do mar na estratosfera
ali onde o espera a sagrada matéria
que Suas mãos transmutam em amor
em pão sol energia beleza distração
prédios poemas saúde sonhos amor
máquinas oração viagens abrigo
luz madeira cor transformação do mundo
criação continuada deste mundo
não se pense que de forma milagrosa

como um dia criou o cosmos do nada
ou um dia converteu em água o tinto vinho
com esforço tremendo essa é a graça
com sangue suor lágrimas divinas
tuas minhas de todo o homem que trabalha
com cruz ressurreição pentecostes
há milhões de Cristos que na alva
se espalham por ônibus ruas campos
há milhões de santos que convertem
em Cristo seus arados seus papéis
suas vozes movimentos penas alegrias
há milhões de deuses que na tarde
retornam aos seus templos suas deusas
procriam rezam comem dormem
ao seu lado os anjos colhem a fadiga
apresentam-na ante o trono do Desperto
escrevem-na no livro da vida
Santo Santo Santo é o trabalho humano
é a obra de Deus sobre a terra
mística união do homem com o seu ofício

belas artes talvez profundas ciências
mas lindos parafusos belas chaves também
santo fogão nas mãos da esposa
santa farinha nos dedos de quem ama
sacramento do carvão nas entranhas
da terra ofício das trevas
liturgia da semeadura ao meio-dia
a oficina de Nazaré é a matriz
da nova criação do universo
as casas que Jesus edificava
com a ajuda de Maria e de José
não são casas são homens são estrelas
são os trigos do campo são poemas
é o ministério da educação
o New York Metropolitan Museum
o raio laser as argilas de Pomaire
a catedral de Burgos a música de Bartok
tudo brota dessa marcenaria
desse berço do mundo consagrado
o eletrocardiograma a Pietà

a luz a câmara dos deputados
o fumo de Virgínia o microscópio
a vassoura o Manifesto dadaísta
a oficina de Nazaré é a nossa casa
a gênese do reino dos céus
na terra sagrada que Ele pisou*.

___

(*) «Ciudadanos del mundo convocados/ a ser santos por obra del bautismo/ oración sacramentos cruz trabajo/ su trabajo es su misa interminable/ su trabajo es mística plegaria/ el trabajo bien hecho cara a Dios/ es Cristo en las entrañas de la tierra/ en el fondo del mar en la estratósfera/ allí donde le aguarda la sagrada materia/ que Sus manos transmutan en amor/ en pan sol energía belleza distracción/ edificios poemas salud sueños amor/ máquinas oración viajes abrigo/ luz madera color transformación del mundo/ creación continuada de este mundo/ no se piense que en forma milagrosa/ como un dia creó el cosmos de la nada/ o un día convirtió en agua el rojo vino/ con esfuerzo tremendo ésa es la gracia/ con sangre sudor lágrimas divinas/ suyas mías de todos los hombres que trabajan/ con cruz resurrección pentecostés/ hay millones de Cristos que en el alba/ se reparten por buses calles campos/ hay millones de santos que convierten/ en Cristo sus arados sus papeles/ sus voces movimientos penas gozos/ hay millones de dioses que en la tarde/ regresan a sus templos a sus diosas/ procrean se santiguan rezan duermen/ a su lado los ángeles recogen su fatiga/ la *presentan al trono del Despierto/ la escriben en el libro de la vida/ Santo Santo Santo es el trabajo humano/ es la obra de Dios sobre la tierra/ místico desposorio del hombre con su oficio/ bellas artes tal vez profundas ciencias/ pero bellos tornillos bellas tuercas también/ santo gas en las manos de la esposa/ santa harina en los dedos del amante/ sacramento del carbón en las entrañas/ de la tierra un oficio de tinieblas/ liturgia de la siembra a mediodía/ el taller de Nazareth es la matriz/ de la nueva creación del universo/ las casas que Jesus edificaba/ con la ayuda de María y de José/ no son casas son hombres son estrellas/ son los trigos del campo son poemas/ es el ministério de educación/ el New York Metropolitan Museum/ el rayo laser las gredas de Pomaire/ la catedral de Burgos la música de Bartok/ todo brota de esa carpintería/ de esa cuna del mundo consagrado/ el electrocardiograma la Pietà/ la luz la cámara de los diputados/ el tabaco de Virginia el microscopio/ la escoba el Manifiesto dadaísta/ el taller de Nazareth es nuestra casa/ la génesis del reino de los cielos/ en la tierra sagrada que Él pisó»* (José Miguel Ibáñez-Langlois, *Futurologías*, Ed. Universitaria, Santiago do Chile, 1980, Canto 123).

Direção geral
Renata Ferlin Sugai

Direção editorial
Hugo Langone

Produção editorial
Juliana Amato
Gabriela Haeitmann
Ronaldo Vasconcelos
Roberto Martins

Capa
Provazi Design

Diagramação
Sérgio Ramalho

ESTE LIVRO ACABOU DE SE IMPRIMIR
A 28 DE JANEIRO DE 2024,
EM PAPEL OFFSET 75 g/m².